宁波市“一带一路”职业教育研究基地、宁波“一带一路”职业教育发展协同创新中心研究成果

丛书编委会

“一带一路”职业教育研究蓝皮书
主　编 ◎ 张慧波

职业教育研究蓝皮书·东盟卷

“The Belt and Road” Blue Book on TVET Research · ASEAN

任君庆　王琪 ◎ 编著

国家一级出版社
全国百佳图书出版单位

图书在版编目（CIP）数据

"一带一路"职业教育研究蓝皮书. 东盟卷 / 张慧波主编 ; 任君庆, 王琪编著. -- 厦门 : 厦门大学出版社, 2020.11(2024.12 重印)

ISBN 978-7-5615-7962-6

Ⅰ. ①一… Ⅱ. ①张… ②任… ③王… Ⅲ. ①东南亚国家联盟-职业教育-研究报告 Ⅳ. ①G719.1

中国版本图书馆CIP数据核字(2020)第212032号

责任编辑 牛跃天
美术编辑 张雨秋
技术编辑 朱 楷

出版发行 厦门大学出版社
社 址 厦门市软件园二期望海路 39 号
邮政编码 361008
总 机 0592-2181111 0592-2181406(传真)
营销中心 0592-2184458 0592-2181365
网 址 http://www.xmupress.com
邮 箱 xmup@xmupress.com
印 刷 厦门集大印刷有限公司

开本 720 mm×1 000 mm 1/16
印张 10.5
插页 2
字数 199 千字
版次 2020 年 11 月第 1 版
印次 2024 年 12 月第 2 次印刷
定价 50.00 元

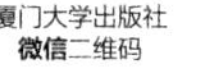
厦门大学出版社
微信二维码

厦门大学出版社
微博二维码

序言

在刚刚结束的第四次区域全面经济伙伴关系协定(RCEP)领导人会议上,东盟十国以及中国、日本、韩国、澳大利亚、新西兰15个国家,正式签署区域全面经济伙伴关系协定(RCEP),标志着全球规模最大的自由贸易协定正式达成。RCEP成员国领导人高度评价协定历经8年谈判得以正式签署,认为这是历史性的,具有重大里程碑意义。李克强总理在发言中表示,“作为世界上参与人口最多、成员结构最多元、发展潜力最大的自贸区,这不仅是东亚区域合作极具标志性意义的成果,更是多边主义和自由贸易的胜利”。毫无疑问,RCEP在推动各国间货物贸易、服务贸易和投资高水平开放的同时,将进一步深化中国与东盟国家的合作。

当前,东盟已成为世界第五大经济体,总人口位居世界第三。我国与东盟国家的经贸往来不断深入,中国海关发布的最新数据显示,2020年上半年,我国对东盟进出口2.09万亿元,增长5.6%,占我国外贸总值的14.7%。中国已连续11年保持东盟第一大贸易伙伴地位,在疫情在全球蔓延情况下,中国与东盟进出口总值的逆势增长难能可贵。

经济领域的合作必然会推动职业教育合作,中国与东盟在职业教育领域的合作也日益频繁,不断深化。如“未来之桥”中国-东盟青年领导人千人研修计划、中国-东盟菁英奖学金、中国-东盟健康丝绸之路人才培养(2020—2022)等多个项目有力推进了双方的职业教育合作;“中国-东盟职业教育联展暨论坛”永久落户南宁,中国教育国际交流协会设立的“中国-东盟双百职校

强强合作旗舰计划"等有力地推进了职业教育合作向纵深的发展。

由于历史发展不同、资源条件不一等多种原因,东盟国家间在经济发展、政治体制、教育水平等多个方面依然存在着较大的差异。教育和人力资源的技术技能水平差异在一定程度上影响了东盟的一体化发展。东盟地区有11%的人口没有受过教育,大约60%人口的受教育程度在初等教育或以下。世界银行数据显示,2017年中等教育阶段接受职业教育的学生比例印度尼西亚为19.27%,马来西亚为13.44%,泰国为10.27%,文莱为10.06%,菲律宾为6.25%,而老挝为1.02%,缅甸仅为0.15%。同时,东盟各国间还面临着文化多样性、地区民族主义等多种问题。这就要求我们在与东盟开展合作时既要把握东盟区域一体化的趋势,又要深入了解各国职业教育发展的特殊情况,合作方式要差异化、多样化。《"一带一路"职业教育研究蓝皮书·东盟卷》选取了新加坡、菲律宾、印度尼西亚等5个东盟国家,对其职业教育体系进行了系统梳理,并对各国产业发展、人力资源发展的需求进行适当回应,对深入了解东盟各国职业教育发展概况、产业和人力资源发展需求具有现实意义。蓝皮书对中国-东盟职业教育合作做了系统总结,对面临的问题进行了深入分析,并对如何开展进一步合作进行了展望,提出了可行性建议,对推动与东盟国家职业教育合作具有一定的借鉴和指导价值。

石伟平

2020年11月

(作者为华东师范大学终身教授、博士生导师)

目录

第一章　东盟职业教育发展概况

第一节　东盟经济发展与职业教育基本概况

一、东盟经济社会发展

东南亚国家联盟(Association of Southeast Asian Nations)，简称东盟(ASEAN)，成员国有马来西亚、印度尼西亚、泰国、菲律宾、新加坡、文莱、越南、老挝、缅甸和柬埔寨这十个国家。根据世界银行分类标准，东盟十国按人均收入水平分为三个组别，其中中低等收入国家包括印度尼西亚、越南、缅甸、老挝、柬埔寨、菲律宾等六国，中高等收入国家包括马来西亚、泰国两国，高收入国家包括新加坡和文莱两国。东盟是世界第五大经济体，总人口位居世界第三。2018 年，东盟十国共有 6.54 亿人口。

2016—2018 年，东盟各国的国内生产总值均实现了较好的增长，GDP 年增长率均值分别为 2016 年 4.6%，2017 年 5.4%，2018 年 5.1%，均保持在相对较高的水平(文莱除外)。(表 1-1，图 1-1)

表 1-1　东盟十国 GDP 与 GDP 增长率(2016—2018 年)

序号	国家	GDP(现价美金/亿元)			GDP 增长率(%)		
		2016	2017	2018	2016	2017	2018
1	新加坡	3180.68	3384.06	3641.57	2.96	3.70	3.14
2	马来西亚	3012.55	3189.58	3585.82	4.45	5.74	4.74
3	印度尼西亚	9318.77	10154.23	10421.73	5.03	5.07	5.17
4	缅甸	632.56	667.19	712.15	5.86	6.76	6.20

续表

序号	国家	GDP(现价美金/亿元)			GDP 增长率(%)		
		2016	2017	2018	2016	2017	2018
5	泰国	4123.53	4552.76	5049.93	3.36	4.02	4.13
6	老挝	158.06	168.53	179.54	7.02	6.89	6.25
7	柬埔寨	201.59	221.80	245.42	7.03	7.02	7.50
8	越南	2052.76	2237.79	2452.14	6.21	6.81	7.08
9	文莱	114.01	121.28	135.67	−2.47	1.33	0.05
10	菲律宾	3048.98	3136.19	3309.10	6.88	6.68	6.24

资料来源:世界银行数据库。

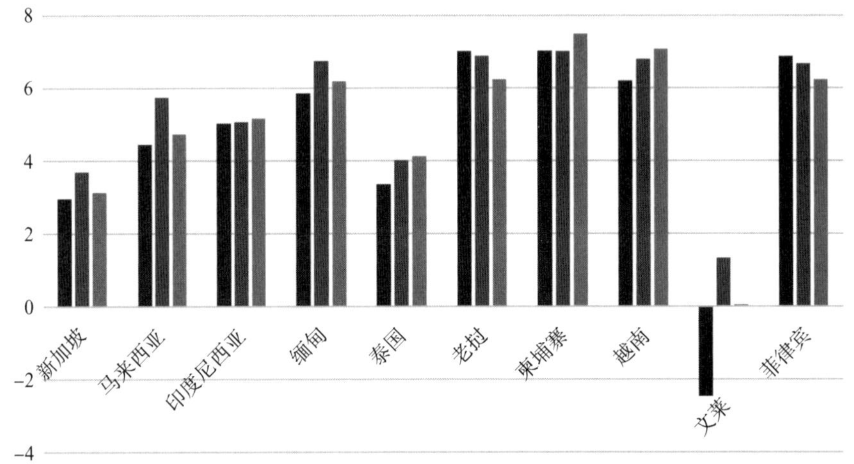

图 1-1 2016—2018 年东盟各国 GDP 年增长率

2019 年,东盟经济增速约为 4.9%,较 2018 年的 5.1%略有放缓,预计 2020 年东盟经济增速为 4.7%。就国别而言,2019 年东盟十国的经济增速均低于上年,经济增长在 7%以上的是越南、柬埔寨等国,增长在 6%～6.9%区间的是老挝、缅甸、菲律宾等国,增长在 5%～5.9%区间的是马来西亚、印度尼西亚等国,增长在 1%～3%区间的是泰国、文莱,低于 1%的是新加坡(0.7%)。①

① 2019 年东盟经济发展特点.[EB/OL].https://finance.huanqiu.com/article/3wlNNrm9nKq.2020-01-25.

2018 年,东盟各国农业、工业、服务业等三次产业增加值(占 GDP 的百分比)的平均值分别为农业 11.58%、工业 36.25%、服务业 52.17%,表明近年来东盟的经济由以农业经济为主转变为以出口为主的外向型经济。(表 1-2)麦肯锡调查显示,20 世纪 90 年代以来,东盟 60%的经济增长归功于制造业、零售业、电信业和运输业等四个领域的发展。① 2019 年 12 月,东盟秘书处在年度《东盟融合报告》中指出,在东盟 2015 年建成经济共同体即将进入第五年(2020 年)之际,东盟以 3 万亿美元的体量跃升为全球第五大经济体,较四年前上升两位。东盟对外贸易规模达 2.8 万亿美元,较 2015 年增长了 23.9%;吸引外国直接投资规模达 1547 亿美元,较 2015 年增长了 30.4%。②

表 1-2 2018 年东盟十国三次产业增加值(占 GDP 比重)

序号	国家名称	第一产业	第二产业	第三产业
1	新加坡	0.02%	25.20%	74.78%
2	马来西亚	7.54%	38.30%	54.16%
3	印度尼西亚	12.81%	39.73%	47.46%
4	缅甸	24.56%	32.29%	43.15%
5	泰国	8.12%	34.97%	56.91%
6	老挝	15.71%	31.53%	52.76%
7	柬埔寨	22.01%	32.29%	45.7%
8	越南	14.68%	34.23%	51.09%
9	文莱	1.02%	63.24%	35.74%
10	菲律宾	9.28%	30.75%	59.97%

二、东盟职业教育概况

为有效应对劳动力市场危机、促进职业教育国际化发展,东盟正积极推进职业教育区域化建设,致力于共同提升职业教育水平,以提升东盟整体人力资源水平和整体国际影响力。目前,各国均建有独立的教育体系,

① McKinsey & Company. Understanding ASEAN: Seven Things You Need to Know[EB/OL]. http://www.mckinsey.com/industries/public-sector/our-insights/understanding-asean-seven-things-you-need-to-know.2014-05-20.

② 2019 年东盟经济发展特点.[EB/OL].https://finance.huanqiu.com/article/3wlNNrm9nKq.2020-01-25.

部分国家职业教育体系亦较为完善。为了提升职业教育与劳动力市场的相关性，促进东盟职业教育共同体建设，东盟已通过建立东盟资格参考框架（ASEAN Qualifications Reference Framework，AQRF）、东盟国家教师（培训师）标准（Standard for In-Company Trainers in ASEAN Countries），成立东南亚教育部长组织职业教育区域中心（SEAMEO Reginal centre for Vocational and Technical Education and Training，SEAMEO VOCTECH）、东南亚职业教育联盟（Southeast Asian Technical and Vocational Education and Training Consortium）、东亚及东南亚职业教师教育区域协会，制定东盟5年教育规划并将职业教育作为重要内容，建立东盟职业教育高层会议机制（High Official meeting on SEA-TVET）等路径推动东盟职业教育一体化发展，致力于东盟职业教育共同体建设。

东盟职业教育改革在不断进行中，但从职业教育的参与率来看，东盟在中学阶段接受职业教育的学生比例仍较低。世界银行数据显示，2017年有可考数据的东盟7个国家（柬埔寨、新加坡、越南数据缺）中，仅印度尼西亚（19.27%）和马来西亚（13.44%）两国中等教育阶段接受职业教育的学生比重达10.58%的该年度世界水平，其余各国均较低，如泰国为10.27%、文莱为10.06%、菲律宾为6.25%，而缅甸（0.15%）、老挝（1.02%）则更低，职业教育参与情况极其令人担忧。（图1-2）

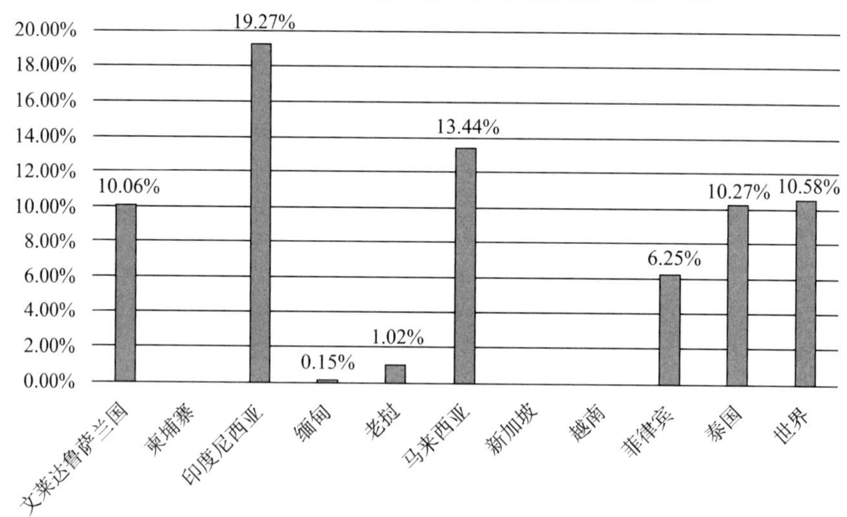

图1-2　2017年东盟各国中等教育阶段接受职业教育的学生所占比重

资料来源：World Bank. World Development Indicators Database[EB/OL]. https://data.worldbank.org.cn/indicator/SE.SEC.ENRL? view=chart.2019-03-03.

第二节　东盟职业教育发展面临的主要挑战

东盟各成员国正在努力实施职业教育改革，但受起步较晚等多种因素影响，尚面临社会认可度低、市场相关性不足、校企合作严重缺乏、政府统筹管理不足、资金和基础设施不足等挑战。

一、职业教育社会认可度不足，参与率较低

东盟诸多成员国的职业教育仍缺乏吸引力，如柬埔寨、马来西亚、越南等国。年轻人、家长、社会公众及用人单位等群体仍对职业教育存在偏见，认为职业教育是“二等教育”，是为贫困人口、边缘化群体及辍学青年等提供的低层次教育，毕业生的工资较低且发展受限，并不认可其作为培养培训熟练技术技能工人以促进就业和可持续发展的重要战略等。在柬埔寨，人们普遍重视高等教育，忽视职业教育，诸多教育机构尚未向学生积极宣传职业教育的重要性。① 马来西亚人民对职业教育形象的感知较差，认为职业教育是学业水平较低者上不了大学的“最后选择”，因此职业教育领域入学率较低。② 相关数据显示，东盟在中学阶段接受职业教育的学生比例仍较低。

东盟职业教育的高负面感知度、低社会认可度和参与率，主要是由于进入职业教育的要求较低，且毕业生接受继续教育与发展的前景受限而导致的。因此，这不仅是一个简单的观念和现象问题，更是直接影响职业教育发展与经济社会发展的综合性挑战。

---

① Cambodia.Key Issues & Challenges[EB/OL].https://sea-vet.net/cambodia. 2019-04-03.

② Malaysia.Key Issues & Challenges[EB/OL].https://sea-vet.net/malaysia. 2019-04-03.

二、职业教育与劳动力市场相关性不足，毕业生就业率低

东盟职业教育的人才培养培训质量不高，与行业企业发展的相关性不足，尚不能满足劳动力市场需求。柬埔寨职业院校毕业生普遍缺乏动手实践等专业能力，同时也缺乏阅读、写作、数学、计算、沟通能力，团队合作及解决问题的能力等基础性技能，对就业造成较大影响。① 在印尼，由于毕业生素质较低，所具有的技能与劳动力市场的需求不匹配，无法满足行业企业的需求，职业院校毕业生的失业率与其他教育相比也处于较高水平。② 马来西亚职业教育提供的技能资格较低，其中70%以上的毕业生处于1级和2级技能证书水平，虽然职业教育机构运行在较高的水平，但许多尚未完全运作，且总体融资结构也不能有效支持职业教育发展。③ 越南缺乏有效的劳动力市场信息系统，导致职业教育与培训供需不匹配，毕业生就业质量较差。④ 缅甸缺乏国家层面的涵盖技能标准、教育教学方案、教师队伍、管理队伍、设施设备等内容的较为全面的质量保障体系，无法确保职业教育培养的人才能够满足当地劳动力市场所需。在技能标准方面，因相应部门制定符合国际惯例、适应当地发展的国家技能标准的能力比较薄弱，目前制定的技能标准尚不完善；职业教育方案课程与国家技能标准之间未建立联系，与工作领域相关性不足。⑤

三、企业参与职业教育积极性不足，校企合作难以开展

目前，东盟地区的诸多企业尚未表现出参与职业教育的兴趣与积极

① Cambodia.Key Issues & Challenges[EB/OL].https://sea-vet.net/cambodia. 2019-04-03.

② Indonesia..Key Issues & Challenges[EB/OL].https://sea-vet.net/indonesia. 2019-04-03.

③ Malaysia.Key Issues & Challenges[EB/OL].https://sea-vet.net/malaysia. 2019-04-03.

④ Vietnam.Key Issues & Challenges[EB/OL].https://sea-vet.net/vietnam. 2019-03-03.

⑤ Myanmar.Key Issues & Challenges[EB/OL].https://sea-vet.net/myanmar. 2019-04-03.

性，导致这种现象出现的主要因素包括：企业与职业教育系统信息不对称；不了解企业如何为职业教育人才培养质量提升做出贡献；参与职业教育的企业与未参与的企业相比无明显好处；职业院校课程与企业需求的技能脱节；部分用人单位参与学生培养培训后，学生跳槽率依然较高。比如越南职业教育缺乏与行业企业的有效合作，尽管政府和职业教育机构已意识到与行业企业合作的重要性并制定了相关的法律和政策，鼓励企业积极参与职业教育，但目前企业积极性不高，尚未建立起有效的深度合作模式。① 缅甸的职业教育是在行业企业未参与的情况下实施的，因职业院校教师缺少行业企业经验，培养培训方案以理论而非实践为导向，教学以课堂而不是工作场所为基础，进一步加大了供需之间的不匹配。在政策和职业教育的规划方面，职业教育机构与行业企业间的联系也十分有限。② 文莱的职业教育亦缺乏行业企业等利益相关方的支持与参与，缺乏行业企业经验丰富的教师/培训师。③ 东盟职业教育发展中企业参与的不足，导致职业院校教师或培训人员对企业了解不足、培养培训方案针对性不强、技能标准不实用等问题，进而导致东盟的职业教育对劳动力市场的需求反应较弱，不能有效供给人才。

四、职业教育统筹管理不足，职业教育机构难以推进

东盟多个成员国的职业教育在国家层面呈现管理体制碎片化状态，如管理部门不健全或过于繁杂，各自为政，或协调不顺、执行不力等，体制不健全及财政支持不足的现象较为严重。在柬埔寨，职业教育由劳动和职业培训部负责领导和管理，但因其他平行职能部门未履行相应职责，导致职业教育管理不到位。④ 马来西亚的职业教育由不同的部委、机构和组织管理，并由其开展认证、标准制定及课程开发等多种活动，多方提供、

---

① Vietnam.Key Issues & Challenges[EB/OL]. https://sea-vet.net/vietnam. 2019-03-03.

② Myanmar.Key Issues & Challenges[EB/OL].https://sea-vet.net/myanmar. 2019-04-03.

③ Brunei Darussalam.Key Issues & Challenges[EB/OL].https://sea-vet.net/brunei.2019-04-03.

④ Cambodia.Key Issues & Challenges[EB/OL].https://sea-vet.net/cambodia. 2019-04-03.

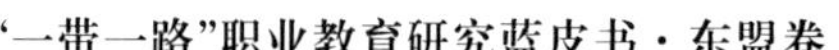

多头管理的职业教育缺乏统一的设计与发展路径,导致职业教育发展效率低下。目前,马来西亚职业教育管理仍然缺乏有效的协调统筹,缺乏专门的、独立的监管机构来统筹管理职业教育发展,亟须建立一个统一的制定职业教育发展政策与举措的平台。① 缅甸职业教育体系亦相当零散,职业教育管理者多,协调者少,缺乏权威的中央机构来统筹协调。目前至少有13个部委和许多其他利益相关方参与和负责职业教育,其中教育部负责监管正规教育和数量众多的职业教育机构,其他部委则负责管理非正规职业教育,并通过自行制定的政策和规章制度管理职业教育机构。② 东盟国家职业教育各自为政的现象突出,政府职能部门不能有效协调,管理分散导致工作难以推进。

五、职业教育经费不足,基础设施设备落后

东盟诸多国家职业教育资金预算不足,职业教育的公共预算分配不足,中央和地方政府仅小部分预算拨款用于职业教育发展,相比职业教育运作所需的高成本,资金方面的政府统筹管理严重缺位。如柬埔寨、缅甸等国虽然在过去十年中用于教育(包括一般教育和职业技术教育)的预算拨款大幅度增加,但还远远不够,需要政府、雇主、培训参与者或发展伙伴等职业教育利益相关方提供额外资金支持。因资金短缺,东盟国家职业教育基础设施也严重不足,对职业教育及技术应用的准备程度极低,基础设施陈旧,不符合职业教育不断变化的要求。如印度尼西亚职业院校由于购买教育设备的经费不足,无法模拟实际工作环境,严重影响教学质量和教学效果,为了克服这一问题,人力资源管理公司与各行业建立机构合作伙伴关系,联合制造相关的先进设备,但是由于行政和财政方面的限制,合作仍困难重重。③ 其他国家也面临着各种问题,如急需强有力的信息技术基础设施,以促进信通技术和在线学习,从低技术水平逐步过渡到工业4.0时代。

---

① Malaysia.Key Issues & Challenges[EB/OL].https://sea-vet.net/malaysia. 2019-04-03.

② Myanmar.Key Issues & Challenges[EB/OL].https://sea-vet.net/myanmar. 2019-04-03.

③ Indonesia.Key Issues & Challenges[EB/OL].https://sea-vet.net/indonesia. 2019-04-03.

第三节 东盟职业教育的发展趋势

东盟职业教育发展面临的主要挑战给熟练技术技能工人的培养造成严重影响，成为制约东盟经济社会发展与竞争力提升的关键瓶颈。加快解决当前职业教育在社会地位、政策体制机制、行业企业参与等方面的基本问题，对促进东盟区域人力资源提升具有重要作用。2018 年 6 月，东盟秘书处在德国政府东盟职业教育区域合作方案（Regional Cooperation Programme for TVET in ASEAN，RECOTVET）的支持下，在成员国中启动了东盟区域学习计划，成立了由行业企业成员参与的职业教育区域工作小组，通过制定《东盟职业教育未来发展议程》，明确面向劳动力市场的东盟职业教育改革发展的趋势与行动策略，逐步解决东盟职业教育面临的主要挑战，充分发挥职业教育在东盟经济社会发展中的重要促进作用。

一、重塑职业教育形象

职业教育的社会地位低、形象差、参与率低是由多方面的因素造成的，东盟秘书处及各成员国需要将重塑职业教育形象作为职业教育发展的重要行动，通过加大宣传力度、提高公众声誉、加强课程建设、打通发展通道、吸引学生参与、提高技能证书质量、吸引行业企业参与等途径提高职业教育的社会形象与地位，为职业教育发展奠定较为坚实的基础。

首先，加大职业教育宣传力度，提高职业教育的公众声誉。培育家长、青年学生、用人单位、教师、政府机构管理人员等公众对职业教育的积极和支持态度，对于职业教育的发展极其重要。各东盟成员国需开展提高公众认识的宣传运动，以提高公众对职业教育的了解和参与度，主要目标是说服更多的年轻人选择接受职业教育（培训）。宣传中需注重宣传职业教育对经济社会的重大贡献、对个人经济的支撑及对个人职业发展的促进等方面的优势。如职业院校毕业生对国家社会和经济发展、中小微企业及创业创新的重要作用；职业院校毕业生可以更快地进入劳动力市

场开始工作并获得报酬,且将来可继续接受高等教育;职业教育可获得经营企业的必要核心技能,为家族企业的可持续性做出贡献,也能为将来自主创业积累经验;职业教育涵盖的范围不仅包括蓝领工作,还包括酒店、商业和行政等其他领域的工作;还可将职业院校校友的成功案例当作宣传名片等。

其次,在高中阶段提供职业体验和以职业教育为导向的课程,以激励青年学生正确认识和参与职业教育。各国教育部可通过扩大公立初中学校的职业体验与指导,或在高中阶段引入面向职业教育的课程,让学生及早参与职业教育并了解其重要性,了解职业教育的好处,当学生了解和积极对待职业教育时,选择职业教育的概率就会提高。初中学校应开展职业体验和指导活动,积极建立系统性的体验与指导方案,并与当地商业管理组织和政府密切合作,提供不同类型的活动。如在媒体、路演、集市,特别是学校讲座中,设立"职业教育毕业生青年大使",激励同龄人了解职业教育;学校积极邀请行业企业人员举行职业讲座;举办行业企业实践访问,让学生熟悉不同公司的工作环境;在学校举办职业教育巡回展览;在职业教育学校举办开放日活动,让中学生亲身参观及体验职业学校学习环境、所学课程及所用实习实训设施/设备。高中阶段学校引入一门面向职业教育的课程是另一种举措,可为学生提供选择机会,学生与家长可结合相关部门和日后实际工作要求按其喜好程度来选择课程。学校引入此类课程时,教育部应予以积极支持。

再次,打通职业院校毕业生发展通道,扩大他们接受继续教育的机会。世界上成熟的职业教育体系已为职业院校毕业生打通接受继续教育,包括高等教育的通道或立交桥,但在东盟各成员国中,目前尚未搭建好此通道。各成员国应积极制定与普通教育通道(学术通道)平行的职业教育通道,直至东盟资格参考框架的第 7 级,为职业院校毕业生提供更好的职业发展机会,这有助于提高职业教育的形象。

最后,提高企业对职业技能证书价值的认可度。因东盟职业教育质量长期以来不高,缺乏实用技能培训和行业领域专家参与的技能评估等原因,职业技能证书一直未获得行业企业的有效认可,其导致的结果是企业与职业教育相互牵制。因此,职业教育的利益相关方,无论是公立院校,还是私立企业,都有责任改变对职业技能证书的认可态度。政府应当把掌握以工作内容为基础的课程作为获得所有技能证书的强制性要求,以确保学生获得必要的技能，在毕业后无须参与在职培训即可上岗。如此可有效区分获得技能证书与未获得技能证书的学生，并逐步加强公司对技能证书及职业教育的信任。同时，行业企业会员组织还可通过宣传因雇用经认证的熟练工人而提高生产率和利润的公司的典型案例，来提高其他企业对技能证书的价值认可。此外，各国政府可制定激励措施和规章以促进企业雇用持有职业技能证书的员工。

二、鼓励企业参与校企合作

东盟已意识到企业参与对于职业教育是极其重要的，但目前各成员国企业参与职业教育的状况不佳，急需工商界和政府通过多种途径共同推进，激励企业参与并推进校企合作深入开展。

首先，建立表彰制度，激励参与职业教育的优秀企业。尽管面临诸多挑战，东盟各国的部分企业已参与职业教育，不仅促进了企业的发展，也促进了职业教育的发展，为其他企业树立了良好的榜样。目前，多个成员国通过税收减免来提高企业参与职业教育的积极性，对于提供实习或学徒培训机会并支付培训费用的企业，国家给予一定程度的税收减免，但受国家税收政策影响，并非每个国家都能有效实施此项激励。因此，为了肯定这些企业并鼓励更多的企业参与职业教育，各国可建立表彰制度，奖励参与职业教育的优秀企业。该奖励机制可与“东盟商业奖”及在此基础上新增的“东盟技能发展奖”挂钩。目前东盟商业咨询委员会已明确相关事项，东盟各成员国自主设定奖励标准并向东盟商业咨询委员会提名，最终由其确定获奖名录。东盟区域奖对于企业有极大的吸引力，有利于激励其参与职业教育。

其次，利用大型企业和中小企业的供应链关系，激励企业参与职业教育。中小企业是东盟各国的经济支柱，其数量占东盟区域企业总数的96%。相比大型企业，中小企业规模小、产值低，投入相应的时间和经费开展职业教育与培训相对较难，因此通过供应链关系刺激大型企业参与职业教育更有利于发展，因为大型企业的大部分供应来源于其供应链中的当地中小企业，加强这些中小型企业工人的素质和生产力，有利于其产品质量的提升，从而助力于企业发展。可在这一基础上，制定一项合作计划，鼓励大企业参与其供应链中的技术技能人才培养培训。这对大型企

业、中小企业及职业教育机构而言,将构成一种多赢局面:大型企业受益于更高质量的供应(包括成本降低),中小企业受益于高素质的劳动力资源,职业教育通过企业主动参与办学,整体促进了教育与经济发展的良性互动。对于中小型企业来说,因其对职业教育不甚了解,职业教育管理部门、相关工商业组织及职业教育机构等主要利益主体可通过编制职业教育手册(企业版),供企业进一步了解和获取职业教育发展信息。具体而言,手册主要针对企业负责人或人力资源负责人,由国家职业教育体系概况、企业参与校企合作的效益、已参与职业教育的优秀案例、企业参与职业教育的主要流程等内容构成。也可根据实际需要,只面向重点发展产业领域编制。

再次,加强校企合作管理,提升行业企业合作机会。职业教育校企合作需要科学的管理和长效的保障机制,相应的校企合作管理制度和管理队伍必不可少。为了支持学校和企业之间更深入地对话与合作,一旦双方建立关系,就必须进行正规化管理。可设立职业教育行业咨询委员会,为学校和企业之间定期交流和讨论提供平台。该咨询委员会可设在地方一级,也可设在地区/省一级,并要求学校与企业签订合作协议或备忘录。校长作为重要决策者,其在提高符合劳动力市场需求的人才培养质量上责无旁贷。因而,积极主动与当地行业企业开展合作办学,是每一位职业院校校长的重要职责。目前,东盟国家诸多职业院校校长对于校企合作仍持有保守态度,认为学校的主要任务是开展人才培养,并不确保学生毕业后的就业能力。职业院校主管部门须加强对这类校长的关注,将校企合作与校长年度业绩挂钩,进一步加强其开展校企合作的意识和积极性。职业院校校企合作工作除需要校长重视外,与企业开展统筹协调的联系人也是不可或缺的。因此,职业院校需为校企合作工作指派一名或多名联系人,负责深入企业与之建立合作关系,并维护校企合作的开展。联系人须充分了解学校毕业生状况及学校所开设的专业,善于营销和推广学校,并对本国的职业教育体系有扎实的了解。通过这种形式开展的合作是制度化的、有序化的,而不是仅仅建立在个人关系基础上的较为随意的合作,因此更加有利于保障校企合作的长效开展。

最后,制定企业和学校合作办学的指导方针,深化职业院校校企合作。东盟已广泛认可企业在职业教育中的重要作用,并已确立在校企合作下开展职业教育的政策框架。已有经验表明,有效的工作场所学习有利于职业教育人才培养质量的提升，学徒制的职业教育培养模式效果显著。目前有部分职业院校已开展学徒制人才培养，但也有更多的院校尚未启动。对于已开展的院校，政府应积极向所有利益相关方提供适当的指导，以保证学徒制计划的成功实施；对于未开展的院校，应做更多的工作帮助其建立和深化校企合作关系。所有东盟成员国均应建立全国范围的学徒计划，并扩大现有的实习、学徒和双元合作的培训计划，同时积极向参与的企业和学生提供更多的指导，有效提升学徒制人才培养质量。负责的相关部委和行业管理组织应针对学校、企业和学生分别制定指南供其参考。学生的指南须包括关于具体学习成果、基于工作的学习阶段的持续时间、参与方案的不同方面的作用和责任以及工作场所条例的信息。若指导缺失，以工作内容为基础的学习可能会对那些不熟悉劳动法、企业工作法规、适当的职业安全和健康措施的学生构成威胁，而且他们在企业工作时通常不会得到工作合同。同时，企业指南应包括国家职业教育体系、企业内部培训师的任务与能力、以工作为基础的学习计划和雇用未成年人的相关法律框架、学员和学徒的评估与认证等信息。

三、加强人才培养市场相关性

导致东盟职业教育与企业需求相关性不足的因素较多，其中课程、师资及教学设施设备是最为关键的因素。课程须与行业企业发展基本保持一致甚至具有一定的超前性，教师须具有丰富的行业企业经验，企业兼职培训教师须了解教学法，教学设备与学习辅助工具须根据实际不断更新等。

首先，应加强课程建设，提升课程与行业企业需求的相关度。东盟职业教育人才培养不能满足企业需求的关键之处，就是课程内容与教学设施设备过时，教学内容与当前企业生产实际严重脱节。为了更好地满足企业当前对技能人才的需求，培养高质量高素质的劳动力，政府部门应在掌握最新的劳动力市场需求信息的基础上，帮助学校更新课程与设施设备，如教授最新知识和技能，提供更实用的如沟通、团队合作与解决问题等软技能类课程，目前这类软技能类课程相当缺乏。具体而言，应制定更加统一的培训方案，如国家技能标准，具体规定核心技能和知识应达到的标准，要求全国所有职业院校统一参照执行。这将有助于保证国家整体人才培养质量的基本统一性,缓解过去企业招聘中对毕业生所具备知识技能把握不准而导致的招聘难问题。职业院校在国家技能标准的指导下,所教授的课程必须涵盖所规定的核心技能与知识,当地企业应通过行业咨询委员会向职业院校提供其当前所需技能的有关数据和信息,学校、企业和负责的政府机构应依据数据和信息共同制定或更新课程。为确保课程建设质量,学校应设立质量保障监督部门,确保教师依照课程要求实施教学,以确保对学生的考核评估涵盖指定的核心技能和知识。

其次,应加强与激励行业企业专家担任兼职教师。职业院校应从行业企业引进大量经验丰富的专业人员或专家担任兼职教师,这将有利于提高人才培养质量。企业成员组织充分发挥作用,鼓励其成员企业为职业院校推荐合适的专业技术人员和行业专家参与教育教学工作,职业院校对这些专业人员和专家提供教育教学基本培训,同时建立认可、激励与经费补偿机制,保障其长期参与。各国政府需要制定相对宽松的政策,保障行业企业专家从事职业教育教学的基本权益。除聘请行业企业专家担任兼职教师外,公立学校的专任教师也应被允许在私立职业院校担任兼职教师,因私立职业院校相对更缺乏教师,允许公立学校教师在私立学校开设课程实施教学,可有效弥补私立学校教师不足的问题。

再次,应加强职业院校教师的专业能力与行业企业经验。职业院校的专任教师在整个人才培养过程中发挥着至关重要的作用。教师专业能力及行业企业经验决定着人才培养的经济适应性程度。目前东盟大多职业院校教师缺乏实际的行业企业经验,导致无法为学生提供相应的实践指导。因此,必须通过多种形式加强教师行业企业经验,如:实施下企业实习方案,派教师下企业工作一定时间(如1～2个月);与行业企业的高级专家结对,从专家处了解当前行业发展的前沿动态与最新行业标准等;职业院校将行业咨询委员会为其提供的当前技能发展有关要求的数据信息共享给专业教师;政府强制要求教师参加进一步培训,如参加由企业团体主办的实践培训,培训与教师执照或教师专业发展挂钩,促使其不断更新行业知识和技能,保障知识技能不落伍;激励教师提升知识储备并采用更加适合的教学方法,如混合教学法,以学生为中心、以项目为基础的教学等方法,改善学校以理论为中心的传统教学模式,提高教学效率。

最后，应加强企业内部培训师的能力建设。企业参与职业教育的其中一种方式，是为下企业锻炼的职业院校教师和学生提供相应的培训。目前诸多企业在提供职业教育培训方面经验不足，尚不具备相应的知识与能力。因此，企业需要加强培养内部培训人员，提高其参与职业教育的知识与能力。企业可聘请技术技能和知识水平较高的专家参与职业教育与培训，系统构建专业知识与能力目标，将其培养成为公司的内部培训师。目前，东盟已制定《东盟企业内部培训师标准》及培训框架，并得到东盟高级教育和劳工官员的认可。各国负责部委应在参考《东盟企业内部培训师标准》这份区域标准的基础上，与国家的企业组织合作，为企业内部培训师制定国家能力标准，以确保企业内部培训师的区域一致性。

四、加强统筹政策管理

各国政府对职业教育在管理体制、政策制定与经费支持等方面的统筹规划，有利于职业教育实施框架的确立，特别是行业企业参与的职业教育对政府统筹具有较高的需求。东盟各国亟须制定职业教育发展的长期战略与法律法规，搭建沟通协调平台，完善东盟职业教育的管理体制机制建设，进一步提高管理效率。

首先，应建立由公立和私营部门代表共同参与的职业教育委员会。目前诸多成员国中，职业教育管理体制碎片化严重，多个部门参与，但部门间缺乏协调机制，缺乏一个权威的国家层面的统筹部门。为了推进协调管理，制定统一有效的国家职业教育政策，并使政策得到更有效的落实，各成员国应建立国家职业教育委员会，作为各成员国的全国职业教育中央机构。委员会负责为职业教育制定高质量的国家发展规划，提高职业教育法规和战略执行和监测的相关性与质量。委员会应由公共和私营部门高级代表共同担任主席，设有常设秘书处、专职工作人员及执行管理小组。执行管理小组成员由政府各部委和行业企业界高级代表组成的董事会任命，并根据秘书处的建议每隔几年更换一次，确保成员（特别是行业企业界成员）是与国家未来经济发展密切相关的关键领域代表。已设有类似于国家职业教育委员会机构的成员国，政府应重新评估其功能，确保其不仅是一般意义的交流平台，更是具有实际权力和应变能力、能制定

注重结果的政策和方案的委员会。

其次,应加强公私对话,促进行业企业在职业教育政策层面的合作。通常情况下,职业教育的政策法规与行业企业的相关性不足,但作为职业教育中的重要利益相关者,行业企业有效参与职业教育政策制定至关重要。因此,政府部门应协同行业企业共同制定有关政策法规,关于职业教育的所有政策法规的制定,都应征求行业企业的意见,并在此基础上与行业企业共同制定对国家劳动力资源具有重大和长期影响的职业教育战略和法规。加强行业企业与政府(包括不同政府部门和学校)之间的合作,搭建对话平台。各成员国可建立一个公私对话论坛机制,以便定期就职业教育进行有组织的公私对话,加强行业企业在职业教育政策层面的影响。政府在出台职业教育相关法律、法规、战略和政策前可通过论坛征求行业企业建议;通过论坛分享对该国未来社会经济发展的看法,探讨职业教育发展的相关问题,共同分析和预测具体技能的供求情况等。对话论坛机制可在东盟区域、次区域一级建立,也可在成员国一级建立,对话论坛可由国家职业教育委员会组织,也可用小组委员会的形式针对具体的问题举办。

再次,应制定面向工业 4.0 时代的未来劳动力战略。目前东盟多数民众和企业对工业 4.0 仍理解不足,不知道如何为技术变革做相应准备,也不明确工业 4.0 对技能产生的重要影响。劳动力成本较低国家的企业,特别是中小型企业,都会仔细考虑对工业 4.0 技术的投资是否有效并能带来回报。因此,各成员国必须对工业 4.0 及其对职业教育体系的影响形成高度共识,并开展相应的研究与分析,在此基础上制定一项未来的劳动力战略,包括东盟区域和各成员国的发展路线图,概述东盟及各国教育体系和做好工业 4.0 劳动力市场准备工作的详细计划,为职业教育发展提供权威的参考与改革基础。

最后,应保障职业教育有充足的经费支持。充足的资金是保证职业教育高质量发展的前提,政府应充分调动与调配资源,加强职业教育的公共预算,并通过其他途径增加经费支持。所有成员国应给职业教育分配年度预算,作为政府年度预算的一部分,向所有公民提供透明的信息。预算分配以国家成本估算为基础,由政府和行业企业共同制定,并设立职业教育基金。由于需要不断投资于新的培训设备,职业教育的成本较高,考虑到技术变革的速度加快,单靠政府很难满足职业学校的最新需求,因此应当加强与行业企业的合作，通过建立国家英才中心汇集公共和私人资源，采用调动行业企业的额外资源的供资模式。此外，应加大职业院校自主权，促使其资金来源多样化。应加大职业院校在预算上的自主权，每所学校确定其预算需求，并从政府和私营机构获得潜在的资金来源，包括企业、非政府组织投资或其他创收。

第二章　新加坡职业教育

第一节　新加坡职业教育发展历程

一、新加坡教育体系概况

新加坡小学学制6年，中学分为快捷班和普通班，前者学制4年，后者学制5年。学生在中学毕业后经历第一次分流，快捷班学生参加O-level考试；普通班学生参加N-level考试，部分学生进入工艺教育学院(ITE)就读，部分学生转而参加O-level考试，选择进入初级学院(或中央研究所)或者理工学院就读。初级学院(或中央研究所)毕业之后，学生参加A-level考试，进入大学就读。

初级学院和中央研究所(Junior Colleges/Centralised Institute)、理工学院(Polytechnic)、工艺教育学院(ITE)、艺术学院(NAFA\LASALL学院)是新加坡中学后教育阶段四种机构类型，其中，初级学院主要为升大学做准备；理工学院学制3年，重点学习理工课程，为就业和升学做两手准备；工艺教育学院主要为就业做准备。2017年，这几类机构的学生规模如表2-1所示。

表2-1　2017年新加坡中学后教育机构全日制学生规模情况

机构类型	在校生人数(人)	占比(%)
ITE(工艺教育学院)	28508	21.22
艺术学院	5147	3.83

续表

机构类型	在校生人数(人)	占比(%)
理工学院	71436	53.17
初级学院和中央研究所	29252	21.77

数据来源:Ministry of Education Singapore.Education Statistics Digest 2018[EB/OL].http://www.moe.sg.2019-12-20.

从表 2-1 可见,新加坡中学毕业生选择主要以升学为目标的初级学院和中央研究所的比例约为 21.77%,约 25%的学生选择了以就业为目标的工艺教育学院等,而绝大部分学生进入了理工学院。

二、新加坡职业教育发展的主要阶段

新加坡的经济发展在东亚文化圈国家中无疑是巨大成功的。从 1965 年建国之后到 1995 年左右的短短 30 年时间里,新加坡从一个管理水平和技术能力比较落后的转口贸易港口,发展为世界一流的工业发达国家。其中,职业技术教育从逐步适应到引领经济社会发展的跨越,为经济社会转型升级提供了重要的人力支持。与经济发展阶段相适应,其职业教育发展分为下列四个主要阶段:

(一)劳动密集型经济发展阶段:应急起步,体系初成

自治伊始,新加坡失业率高达 14%,为了降低失业率,1960—1970 年,新加坡重点发展劳动密集型产业,并实现了由进口替代经济向出口导向经济的战略调整。“新加坡缺乏自然资源,唯一的资源就是人力”①,深刻意识到本土资源匮乏的实际,新加坡政府提出了“人才立国”战略。基于工业化发展的长远考虑,在职业技术教育十分薄弱的基础上,政府确立了“发展实用教育以配合工业化和经济发展需要”的教育方针,奠定了职业教育发展的重要思想基础。

1961 年,政府委托以曾树吉为首的委员会开展全国调查,当年 6 月,发布了《职业与技术教育报告书》,提出建立一个从初级到高级的技术教

① Jonhhy Sung.Explaining the Economic Success of Singapore:The Developmental Worker as the Missing Link[M].America:Edward Elgar,2006:7.

育体系,改变教育过于学术性,不适应广泛的社会需求和工业化计划需要的状况。此后五年间,新加坡陆续新建了一批中等、高等职业技术教育学校,政府对中等职业学校、职业学院和理工学院进行了初步的系统设计,实现了相互衔接,将原本单一的普通教育体系变为普通教育与职业技术教育两轨并行的体系。学生在小学毕业后、普通中学二年级结束时、进入高中时及高中毕业后均有机会进行分流学习,一部分选择传统教育体系,一部分进入职业技术教育体系。在学校教育体系之外,1960 年新加坡成立了成人教育局,负责成人和校外青年的职业训练。

改革过后,尽管新加坡的职业技术教育从无到有、初成体系,但是,这一时期的职业技术教育,重点在于为年轻人提供基本的职业技能,帮助其就业,主要停留在培养劳动密集型工业急需的初级技术工人的层次。由于社会根深蒂固的“重学轻术”思想,1968 年,选择职业技术教育体系学习的学生,仅占学生总数的 16%,84%的学生选择的仍是学术体系。① 考虑到工业发展的实际需要,经济发展局在职教体系之外,另设了工程工业发展局,开设了原型生产培训中心、金属工业发展中心、电机培训中心、木工工业发展中心和精密工程发展中心等六个培训暨生产研习班,培训工业化发展迫切需要的核心技术人才②,在职业教育体系的传统模式之外,突破常规,寻求及时有效满足经济社会发展需要的新方式。

(二)外向型经济发展初期:政企合作、稳步提升

20 世纪 60 年代中、后期,新加坡经济发展方向进行了调整,明确了走外向型经济发展的道路。为了适应出口导向型工业发展的需要,职业技术教育必须扩大规模,提高质量。这一阶段,“新加坡开始从国家发展的战略高度来着手考虑职业技术教育的改革与发展问题”③。围绕职业教育社会地位的确立和培养质量的提升,新加坡政府对职业教育管理体

---

① LAW Song Seng. Vocational Technical Education and Economic Development _ The Singpore Experience [C]//LEE Sing Kong, GOH Chor Boon etc. Toward a Better Future: Education and Training for Economic Development in Singapore since 1965 [C] Washington, D.C.: the world bank, 2008: 114-134.

② 曾振木,等.心耘:一群经济精英打造新加坡成为第一的关键历程[M].上海:上海教育出版社,2006:72.

③ 马早明.亚洲四小龙职业技术教育研究[M].福州:福建教育出版社,1998:162.

制进行了重要改革。在20世纪70年代末之前，基本建立了政校企行协同治理机制，为职业教育更好地满足经济发展需要奠定了重要的制度基础。

20世纪60年代，新加坡政府通过立法，确立了“先培训，后就业，未经培训不得就业”的制度，使职前教育制度化，即使刚毕业的大学生，走上岗位之前也必须先见习一年，由此极大地提高了职业教育的社会地位，为职业教育管理体制的理顺奠定了重要的基础。1968年，新加坡教育部成立了技术教育局，由教育、财政、劳动部门的负责人共同组成一个高层职业技术教育协调委员会，统筹中等职业教育、工业训练和职业教育教师的培养工作。这一举措有效解决了职业教育发展的部门协调问题。为了进一步促进工学结合，提高职业技术教育质量，1973年，新加坡政府成立工业训练局，取代技术教育局。工业训练局组建了26个技能发展委员会，广泛吸纳行业企业成员参与，强调工学结合推进课程教学改革，推动职业教育更好地适应实际工作的需要。同时，工业训练局引入了国家技能训练证书体系（National Trade Certificate），从NTC-3级半熟练工证书开始，开发了电子、电气、机械工程、金属加工、汽车制造、重型柴油车制造等多领域的证书课程，以满足企业对初、中级不同水平技术技能人才的要求；并通过校企合作开发了不少基于行业企业的培训计划，充分利用行业企业的力量提升职业技术教育的能力。

随着外资大量涌入新加坡，社会对高级技术工人的需求日益增加。工程工业发展局开办的6个培训暨生产研习班，已经难以满足经济转型升级的新要求。为了解决实际问题，经济发展局开创了“政企合作”的新方式，以新加坡政府的名义，与拥有成功职业技术培训体系的国际工业伙伴合作，并在最短时间内进行调整与改良，培养出了高质量的高级技术工人，有效满足了外商投资以及本土经济发展的需要。经济发展局集中全力把那些十分善于创造就业与培养人才的公司引进新加坡，一旦确认投资，即开始与这些跨国公司签订人才培训合同，联合制定培训方案。在20世纪70年代，经济发展局先后推动成立的三个培训中心享有盛誉，它们分别是：1972年成立的塔塔-政府培训中心（Tata-Government Training Centre）、1973年成立的罗莱-政府培训中心，以及1975年成立的飞利浦-政府培训中心。这些中心均采用新加坡政府与跨国公司合作的方式运行，设立标准非常高，机器设备国际领先。以罗莱-政府培训中心为例，很多机器是德国或瑞士生产的顶级配备，“是工业界梦寐以求的机种”。

罗莱-政府培训中心由新加坡政府提供设备以及建造与运营费用,罗莱支援培训人员,中心的一切完全仿照业界的实际做法,其培训的人才,达到了德国专业技工标准。作为回报,罗莱公司有权优先挑选中心半数的毕业学员。

(三)技术密集型经济发展阶段:政府合作,前瞻领先

新加坡的经济发展史,是"一部同跨国公司紧密联系的历史,而且它目前的发展成就也在很大程度上得益于跨国公司"①。大批跨国公司携带先进技术和设备落户新加坡,对高技能人才产生了大量需求。经济快速发展对高技能人才的旺盛需求与传统职业教育能力薄弱之间的矛盾日益尖锐。面对这一现实,新加坡政府实事求是地创建了学校与企业培训中心双轨并行的模式,通过夯实传统途径职教基础,不断提升教育质量,满足社会对初级、中级技术人才的需求;同时通过政企共建的企业培训中心,强化资源配置,满足招商引资对高级技术人才的需求。

1979 年,新加坡政府做出了重组经济结构的重大决策,提出建立以科技、技能和知识为基础的,以制造业、贸易、通信交通、旅游和脑力服务为支柱的现代化国家的战略目标,促进各个产业部门实现机械化、自动化和信息化,这被称为新加坡的"第二次工业革命"。

为了配合经济发展的需要,1979 年,新加坡将工业训练局和成人教育局合并,成立职业和工业训练局,统筹职业技术教育。此举标志着新加坡职业技术教育终身化的推进。职业和工业训练局成立之后,为了满足经济社会发展对于职业技术教育的新需求,建立了职业训练中心,专门负责职业技术教育的课程开发、教师培养,以及提高教学媒体的质量。为了满足新兴领域和核心领域的技能训练要求,扩充了高级职业技术证书范围,为电子、电器、精密工程、汽车技术等更多领域开发了 NTC-2 级水平证书。同时,1983—1987 年,新加坡政府实施了三个国家 CET 项目:技能训练基础教育、通过中等教育的工作提升计划、模块化技能训练项目,以扩大培训规模,整体提升新加坡劳动力的技术技能水平。

这一时期,跨国公司将先进技术投入新加坡发展高端制造业,微处理

---

① 傅政罗,王锐,等.亚洲"四小"与外向型经济[M].北京:中国对外经济贸易出版社,1990:168-169.

器、工业机器人、电脑工作站等高端精密仪器被投放到生产之中，迫切需要一批受过高等教育的新技师和管理人员，以维护精密仪器设备，并有效发挥其作用。为了满足产业升级的这一需要，经济发展局积极争取与技术先进国家的政府合作，培养高级技术人员。

1979 年，新加坡政府与日本政府合作建立了日-新培训学院，每年招收 200 名学员，开设工业机具维护、仪器与制程式控制、工业电子与铸模等课程。1983 年，该中心从技术工匠的培训机构升格为工业技师培训机构，提供为期 2 年的工业电子工程学与机电课程，成为世界上第一所以制度化方式开办机电培训课程的机构。1982 年，德-新培训学院开始运作。该学院与德国政府合作，以培养拥有一技之长，并具备掌握与应用精密科技的必要知识与能力的专业技术人员为目标，高出了德国职业技术教育“大师级工匠”(Meister)的培养目标定位。1983 年，法-新培训学院成立，重在培养电子和电信方面的高级技术人才。法国方面的合作伙伴，是巴黎的高等电子技术工程师学院，该学院以培养了众多法国工业领域中坚工程师而闻名世界。合作的达成，吸引了法国电器与电子工业联盟的加入，该联盟成员均为法国一流的电器与电子设备制造商，有效提升了法-新培训学院的质量。

此外，还有日-新软件学院等，这些均是政府与政府之间合作成立的培训学院。这些机构着眼于新加坡未来国际竞争的需要，其培养目标定位和实施标准，均超过了合作国的培训水平，极大地提高了新加坡高级技术人才的培养质量。

(四)创新驱动型经济发展阶段：大胆创新，跨越发展

1991 年，新加坡政府颁布了新的经济计划，目标是在接下来的三四十年间使新加坡进入第一阵营的发达国家行列。为满足企业多元化、升级、外向型发展的需要，以及知识经济时代对于终身学习和创新能力的更高要求，新加坡职业技术教育再次实现了质的飞跃。

首先，1992 年成立的 ITE 取代了职业和工业训练局。ITE 隶属于教育部，明确定位为中学后教育机构，由政府、工业和产业三方代表组成的委员会领导，同时负责制定技能标准和资格认定。这是一个重要的转折点，既有效提高了 ITE 在行业、企业中的地位，也赋予了 ITE 对年轻人进行价值观教育、终身学习能力培养的重要使命。ITE 社会地位的有效提

高,使得教育事业跃上新的发展平台。此后,从1995年到2009年的15年时间里,ITE连续实行了"ITE2000计划""ITE跨越计划""ITE领先计划"三个五年计划,成为没有进入高中或理工学院的年轻人继续学习的一条颇具吸引力的通道。1999年以来,90%的雇主和毕业生对ITE的工作表示满意,到2005年,其全日制在校生人数较1995年增长了一倍。2005年,ITE第一所学院获得了"新加坡国家质量奖",标志着其办学达到了很高的水平,赢得了新加坡政府和社会的高度认可。

各理工学院人才培养特色日益凸显,形成了具有新加坡特色的国际一流的职业教育人才培养新模式。其中南洋理工学院的"教学工厂"享誉世界,实现了从技能习得到技能创新、技术创新的跃升。新加坡理工学院、淡马锡理工学院、共和理工学院等,也形成了"设计思维""问题启发教学"等有效培养模式,新加坡完成了从一个"重学轻术"社会向职教强国的华丽转身,成功改变了社会对于职业技术教育的传统偏见。

第二节　新加坡职业教育的新进展

职业教育与经济发展相辅相成,进入21世纪,随着信息技术的迅猛发展,新的工业生产模式不断涌现,以云、大、物、智为特点的新时代,对人才需求提出了新的挑战,职业教育必须以更具有包容性和前瞻性的眼界,服务于人力资源的持续开发和提升。2008年,新加坡政府发布了继续教育与培训总体规划,其中提出,要确保到2020年,60%的劳动力至少拥有一张文凭,并"使新加坡人具有在新兴产业谋求工作机会的技能"。这标志着新加坡职业教育进入新的历史阶段,尤其是进入21世纪第二个十年之后,新加坡职业教育进行了重大改革,其主要举措可以简单概括为:职教终身化、职教全民化。

一、多方协同升级顶层设计

第一,机构设置上,建立具有高度统筹能力和执行能力的委员会,开展顶层设计。2014年,新加坡成立了"理工学院及工艺教育学院应用学习教育检讨委员会”,(Applied Study in Polytechnics and ITE Review,简称 ASPIRE),主席由副总理兼财政部部长担任,委员会成员包括政府、行业、教育和培训机构、雇主和工会的代表。该委员会的主要职责:一是落实委员会有关理工学院及工艺教育学院的应用学习教育建议,二是负责推动新的“持续教育与培训”(Continuing Education and Training,CET)总蓝图,以确保每名新加坡人都能够根据各自的技能,在职场上获得肯定并有所发展。

第二,形成高质量研究报告,指导职业教育的进一步发展。在广泛调研和对未来经济发展充分研判的基础上,ASPIRE 提交了“理工学院及工艺教育学院应用学习教育检讨报告书(ASPIRE 报告)”,提出了四大方面建议并被政府接受。一是加强教育和技能培训。包括:增强企业实习课程,增加高级国家工艺教育局证书(Higher Nitec)的学额;在每一行业选择一所理工学院或工艺教育学院担任行业领导;为学生提供全面支持,培养领导才能、创新能力,加强品格教育;增开网络课程,让学习更加方便。二是为中学、工艺教育学院和理工学院学生提供更好的教育和职业辅导,帮助学生做出明智的选择。三是帮助理工学院和工艺教育学院学生毕业后提升技能;推行入职培训,学员边工作边受训;增加继续教育与培训机会,巩固并提升技能。四是制定不同行业的技能框架和职业发展途径,明确行业对技能的具体要求以及不同技能所对应的技能等级。

第三,配套巨额财政资助,激发社会参与职业技能训练和提升的热情。为了鼓励新加坡人进一步提升工匠精神,精专技能,应付未来增长领域和高需求领域的挑战,政府设立了系列奖学金和奖教金,激励全民学习。包括:(1)“未来技能进修奖(Skills Future Study Awards)”计划。既奖励个人提升技能,也奖励雇主提升雇员技能。每年预计最多可颁发 2000 个奖项,每个奖项的奖励是价值 5000 元的奖学金,可用以支付修读课程的费用。(2)“未来技能中途职业加强津贴(Skills Future Mid-Career Enhanced Subsidy)”计划。年满 40 岁的新加坡公民进修劳动发展局所开设的培训课程时,可获得不低于 90%的津贴。(3)未来技能培训补助(Skills Future Credit)。从 2016 年开始,政府为所有国人提供终身的未来技能培训补助,所有 25 岁或以上国人 2016 年都可获得一笔 500 元的款额,政府过后还将分阶段继续为国人提供额外补助金额。

第四,制定配套战略,形成发展合力。启动“创新学习 2020”策略(iN.

LEARN 2020)。"创新学习 2020"策略是配合新加坡劳动力发展局"持续教育与培训 2020 总蓝图"设计的配套策略。后者提出,为更好地方便工作人士接受有效便捷的持续培训,到 2020 年至少要实现 755 门课程开展线上线下学习。

"创新学习 2020"策略中,包含了"创新学习研究室(iN.LAB)",设于巴耶利峇终身学习学院(Lifelong Learning Institute),为培训机构和雇主等提供课程与交流会,探讨如何借助科技等来推动新的学习方式。劳动力发展局的目标是到了 2020 年,培训机构提供的新技能资格(WSQ)课程有至少 75%是结合网上与课堂学习的混合式学习(blended learning)模式。

除了研究室,劳动力发展局还推出两项津贴计划,分别为继续教育与培训创新津贴(CET Innovation Fund)与"创新加"(InnovPlus)津贴,资助培训与教育机构开发创新的学习资源。

二、实施技能创前程计划(SkillsFuture)

技能创前程计划是一项全国性的技能训练运动,意在为处于不同起点的新加坡公民提供技能学习和提升的机会。2016 年 8 月,为更有效地推动技能创前程计划,新加坡政府成立了隶属于教育部的精深技能发展局,该局致力于开发切合实际的教育和培训体系,加强雇主对技能培训的认可,同时促进进一步形成终身学习和追求技能提升的社会文化,这将长期促进技能创前程计划。

技能创前程计划的服务对象以职业阶段作为划分依据,包括六种群体:在校学生、职场新人、职业中期人士、雇主、培训机构和全体公民。每位公民都能够根据自身需要和能力,在 23 个项目中找到适合自己参与的一个或多个项目。

主要项目基本情况如下:

1. 进一步强化学生实习。尽管新加坡大部分的职业技术教育机构提供的课程都包含实习,且实习项目通常是与行业合作共同开发的,但新加坡政府觉得,为应对未来技术发展需要,实习的分量仍需进一步加大。技能创前程计划提出,在实习课程涵盖的范围上,2020 年之前将要扩展到所有的工艺教育学院和理工学院课程中,实现全覆盖;在实习项目的开

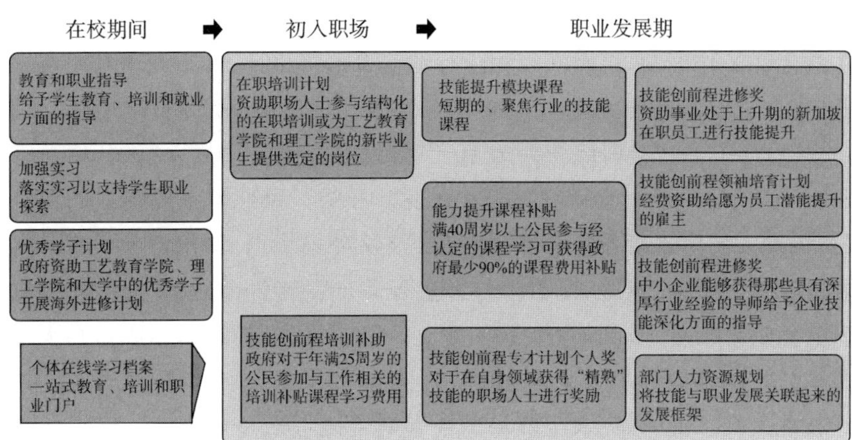

图 2-1 技能创前程计划主要专项图示

发与设计上，既要进一步调整以使其更好地与课堂学习相配合，也要根据机构和行业制定的详细任务范围，延长学生的实习期，为学生定制实习计划，以满足行业的需求；同时要进一步加强实习的监督和审查力度，强化校企合作共同开发实习项目。

2. 新兴技能课程。针对科学技术快速发展带来的经济新业态，该项目重在开发系列培训课程，培养培训社会急需的新型技能。已经开设的课程包括数据分析、财务、技术支持服务、数字媒体、网络安全、创业、先进制造业和城市解决方案等八种类别，每项课程都分为基础课程、中级课程和高级课程三个熟练程度级别，新加坡公民可以根据自身的技能水平和工作需要进行选择。40 岁以上的新加坡公民选择这类课程的，90％的课程费用由新加坡精深技能发展局和新加坡劳动力发展局承担，以减轻他们所面临的机会成本的负担，并帮助处于职业中期的员工对不断变化的工作场所保持敏感性，适应岗位变动和行业内流动。

3. 个人学习组合。这是一个一站式在线教育门户网站，于 2017 年首次提出并分阶段实施。该网站提供在线心理测量和技能库评估工具，根据个人评估结果，帮助用户了解其工作兴趣、职业价值以及当前技能水平与行业标准之间存在的差距，并智能推送工作匹配和技能培训信息，以帮助公民做出更明智的职业决策，提高他们的职业适应能力。

4. 在职培训计划。这是针对应届毕业生初入职场的技能培训计划。包含四个方面：将学生与其专业对应的雇主相匹配；为学生提供结构化的在职培训和指导；为每位学生安排导师，持续开发其技能潜能；为学生定

制结构合理的职业发展规划。该计划帮助学生习得行业重视和需要的相关技能和工作经验,以及获得相应行业认可的资格证书,有利于其工资增长,扩大工作范围和待遇。

5. 工作—学习训练营。为期三年,由麦肯锡公司成立,该公司总部设在美国,是一个非营利组织。它开发并开展了短期但重点突出的训练营,帮助人们实现工作与学习的结合。先要筛选参与者,根据参与者的兴趣、能力和性格特点等,评估参与者是否适合训练营,以及适合何种训练营。然后参与者在训练营接受为期 8 至 12 周的职前培训,结束后在人才需求旺盛的部门寻求就业机会。公司为个人分派导师,以指导个人的持续技能发展。此外,完成全部培训的参与者能够获得最高 500 新币的培训津贴。

参与训练营的雇主们在培训现场参与课程开发,以确保根据工作岗位的需要来培养人的技能,在训练营结束后他们可以直接招募参营训练人员。新加坡雇主可以更容易进入经过良好培训的人才的数据库,以减少前期培训的成本,雇用可以直接进入工作状态的专业人才。雇主为这些人才提供培训指导可以得到 5000 新币的导师津贴。

6. 工作—学习学位课程。2017 年 2 月,技能创前程计划开发了专门为学生群体服务的工作—学习学位课程。新加坡国立大学、新加坡理工学院和新加坡社会科学大学作为培训机构,为学生提供工作—学习学位课程并颁发学位,且每门专业都有合作伙伴公司提供相应的课程。该项目将学生在培训机构接受培训的成果、在工作岗位接受在职培训的成果,以及在合作公司学习课程的成果综合起来,评估学生的学习和工作表现,培训机构为学生授予对应学校和专业的学位证书。

7. 研究奖。这是为促进新加坡公民终身学习,对处于职业早期或职业中期的个人提供的继续深造资助,一般不低于 5000 新币(约合 3500 美元)。2018 年,新加坡共有 29 名公民获得了每人 10000 新币(约合 7000 美元)的奖学金,以奖励他们在各自行业领域内的优秀表现。

8. 模范雇主奖。通过雇主、工会、公众和政府捐款组建成立技能创前程纪念基金(Skills Future Jubilee Fund),奖励积极为员工开发职业发展途径并努力投资于员工培训的"模范雇主",以及为其他人的技能发展做出突出贡献者。2018 年,新加坡共有 27 家公司,包括 8 家中小企业和 19 家非中小企业获得了模范雇主奖。

9. 教育和职业指导。旨在帮助在校学生做出合适的教育和职业选择。新加坡教育部和高等教育机构联合开发职业指导系统课程以供学生学习，实现从学校到工作场所的顺利过渡。同时，教育部还招聘优秀的职业指导咨询师，为学生提供职业咨询和顾问。

10. 培训补助计划。为鼓励新加坡公民自主学习，自 2016 年起，25 岁及以上的新加坡公民可获得 500 新币的技能创前程学分补助。该学分补助用于各类技能课程，相关的技能涉及 57 个领域，大约 1 万种课程。截至 2017 年，多达 285000 名新加坡公民受益于培训补助计划。

11. 技能框架。其为新加坡产业转型计划（Industry Transformation Maps）的组成部分，旨在为个人、雇主和培训机构构建一种能够互通的技能语言，帮助劳动者掌握更扎实的技能，提高雇主的雇佣能力和企业竞争力。技能框架由雇主、行业协会、培训机构、工会和政府合作开发，其主要内容是关于部门、职业道路、职业角色以及职业角色所需的现有和新兴技能的关键信息。此外，它还提供一份掌握并提升技能的培训方案清单。目前，技能创前程计划已经对包括会计、航天运输、生物制药制造业和儿童早期保育与教育在内的 25 个行业进行了技能框架的构建。

技能框架分五个部分阐释某一行业：

行业信息——描述行业和就业现状，并根据行业转型计划，对该行业的人力和工作需求的统计数据进行说明；

职业途径——阐明该行业的职业/工作角色的构建过程，且用户可以识别纵向和横向的晋升机会；

职业/工作角色描述——阐明该行业对员工的技能要求、工作环境和工作预期；

技能说明——对从事该行业所需要的技能进行详细的、全方位的解析；

培训计划——将职业/工作角色的技能与市场上可用的培训方案联系起来，描述该行业所需技能的培训方案。

对于职场新人和处于职业中期阶段的员工来说，技能框架可以帮助他们选择职业之前进行自我评估，从而做出明智的职业决策，充分了解行业现状和就业前景，以及雇主和新兴产业对劳动力的技能需求，并根据技能和职业需求选择相应的课程进行学习。

对于雇主来说，他们可以根据技能框架中详细的技能信息进行人力

资源规划和管理，为企业建立其专属的技能框架以及员工培训方案。对于培训机构来说，可以使用技能框架来深入了解行业发展趋势和技能需求，从而开发创新的课程和培训计划，以满足行业发展的需求。

12. 中小企业导师计划。导师计划主要针对新加坡中小企业展开。新加坡有大约 18 万家中小企业，70％的工人都是由中小企业雇佣的，中小企业在培养员工劳动力技能方面发挥着重要的作用，因此，新加坡政府十分关心中小企业的发展。囿于规模较小，中小企业往往难以展开内部技能培训。由此，新加坡标新局（SPRING Singapore）拟建立一个技能创前程导师库，这些导师包括技能经验丰富的退休人员，以及来自各行各业处于职业中期的员工和高管，他们以中小企业的导师的身份，帮助这些企业发掘并发展其员工的潜力，深化员工技能，包括为中小企业的领导层提供企业管理技能的辅导。2015 年，标新局为该计划留出 4500 万新币的预算，以加强中小企业及其员工的技能和发展能力。

第三节　新加坡职业教育应对产业转型升级的改革举措

纵观新加坡职业教育发展五十余年的历史，可以清晰地看到，新加坡职业教育伴随着产业升级发展不断调适，成功实现了对不同阶段经济社会发展的有效支撑并进而形成了独具特色的模式。如果说新加坡独立之后，职业教育从无到有尚不算应对产业转型升级的调适，那么，20 世纪 70 年代中后期至今，新加坡职业教育至少经历了两次突出的升级发展：第一次是伴随着经济发展从劳动密集型转向技术密集型；第二次是伴随着经济发展从技术密集型向信息时代发展带来的产业调整。两次应对产业转型升级的发展，使得新加坡职业教育积累了丰富的经验，十分值得总结和学习。

一、牢固树立人力资源是第一资源的理念，积极发挥职业教育作为人力资源开发重要途径的作用与价值

新加坡职业教育的发展经验，可以用两句话概括：牢固树立人才是核

心竞争力的理念，并积极发挥职业教育作为人力资源开发重要途径的作用与价值。新加坡历届政府领导人都清醒地认识到，新加坡缺乏自然资源，唯一的资源就是人力。1968 年，明确了经济发展走外向型道路之后，新加坡政府将高素质的技术工人作为增强招商吸引力的重要筹码，将发展职业教育、提高技术工人素质作为国家发展战略的先导性基础部分来对待。20 世纪 70 年代末，李光耀总理进一步提出："新加坡的未来在于我们的脑子，而不仅在于我们的手。"[①]新加坡国立大学经济学者 Linda Low 博士就曾指出，在新加坡的工业化过程中，经发局最大的创举当属它的人力开发与培训计划。正是由于对人才在经济社会发展中突出地位与作用的深刻认识，新加坡才能在职业教育一穷二白的基础上，大力发展并蹚出一条有效路径，最终实现经济社会与职业教育事业发展的双赢。

二、以组织保障为支撑将职教理念转化为系列制度

将职业教育作为人力资源开发的重要途径，需要的不仅是认识，更是要落实。新加坡在有效发挥职业教育作用方面，首要的是建立组织架构，通过组织保障支撑职业教育理念转化为系列制度。

为了保障将职业教育人才培养牢牢建立在产业需求的基础上，20 世纪 70 年代，新加坡成立了 26 个行业指导委员会，指导职业教育办学。此外，新加坡政府创造性地将职业教育人才培养职能赋予经济发展局，保证了其在一手抓经济建设的同时，一手抓人才培养。经济发展局直接向新加坡总理负责。正是基于这样的制度设计，新加坡在职业教育发展过程中，基于实际需要，创造出了基于特设培训的政府间合作新模式，培养出国际一流的高级技术人员，极大地增强了从劳动密集型经济发展转向技术密集型经济发展的动能。

---

① 王佳音.试述新加坡高等职业技术教育的发展特色——兼谈对我国高职教育教学改革的启示[D].长春：东北师范大学硕士学位论文，2006：5.

表 2-2 新加坡 20 世纪 70 年代末到 80 年代初的特设培训机构

名称	成立时间（年）	培养方向	后续发展
日-新培训学院	1979	工业机具维护、仪器与制程式控制、工业电子与铸模等方面高级技术人才	1983 年升级为工业技师培训机构，成为世界上第一所制度化开办机电培训课程的机构
德-新培训学院	1982	具备掌握与应用精密科技的必要知识与能力的专业技术人员	超出了德国职业技术教育"大师级工匠"的培养要求
法-新培训学院	1983	培养电器与电子设备相应技术人才	与巴黎高等电子技术工程师学院及法国电器与电子工业联盟合作，前者培养了许多法国一流的电器与电子设备制造商

进入 21 世纪，为了应对信息技术带来的挑战，新加坡职业教育再次转型升级，其首要举措，是在 2014 年成立理工学院及工艺教育学院应用学习教育检讨委员会（Applied Study in Polytechnics and ITE Review，ASPIRE），主席由副总理兼财政部部长担任，委员会成员包括政府、行业、教育和培训机构、雇主和工会的代表，由委员会在广泛调研基础上形成研究报告，指导总体改革。为强化校企合作、产教融合，在每一行业选择一所理工学院或工艺教育学院担任行业领导，制定不同行业的技能框架和职业发展途径，明确行业对技能的具体要求以及不同技能所对应的技能等级。

三、多方协同全面提升职教培养能力

全面提升职教培养能力是新加坡职业教育应对产业转型升级的基本路径，在 20 世纪 70 年代末的产业升级中，职业教育的应对表现为职教发展重心高移和终身化。20 世纪 70 年代末之后，新加坡的理工学院和工艺教育学院的规模获得了快速扩张，以满足社会对于中级、高级技能人才不断扩大的需求。1960 年、1970 年、1980 年和 1990 年，新加坡理工学院招收的学生分别为 874 人、1919 人、4591 人和 9524 人，招生规模快速增长；1980 年到 1990 年是工艺教育学院招生规模增长最快的阶段，从 3145

人增长为9772人，涨幅达到2倍多。[①] 2010年之后，为应对信息技术快速发展带来的产业升级，职教发展重心从职前教育向职后教育扩展，职业教育终身化趋势日益凸显。技能创前程计划对不同职业生涯阶段人群的全面覆盖和对职业匹配以及职业指导的重视，既充分体现了新加坡政府全面开发全民人力资源以应对信息技术时代挑战的决心与勇气，也积极回应了技术快速变化对职业技术教育的新要求。

为保证教育质量，新加坡政府在应对历次产业转型升级的过程中，都积极发挥主导作用，全面升级了职业教育人才培养能力，不断深化人才培养模式改革。以20世纪70年代末为例，其主要做法包括：(1)增强职教师资力量。为了迅速提升本土人员的技能水平和职教师资力量，新加坡政府创造性地建立了“技术学者”制度(海外培训计划)，从20世纪70年代初开始，先后派出几百位优秀的年轻人前往德国和瑞士，接受为期三年半的培训。这些人学成归来，成为新加坡制造业的技术骨干，并同时担任经发局培训中心的主要培训员，有效提高了新加坡职教师资的整体水平。(2)以课程为基础，增强职教适应产业需求的能力。1979年，新加坡将工业训练局和成人教育局合并，成立职业和工业训练局，由职业和工业训练局专门建立职业训练中心，负责职业技术教育的课程开发、教师培养以及提高教学媒体的质量。21世纪第二个十年里成立的“创新学习研究室(iN.LAB)”，以及为应对信息技术时代的挑战而开发的系列新兴技能课程和网络课程，都强调课程改革以应对技术发展和产业变革的新需求。(3)为了满足新兴领域和核心领域的技能训练要求，扩大高级职业技术证书范围，20世纪70年代末为电子、电器、精密工程、汽车技术等更多领域开发了NTC-2级水平证书，2010年之后进一步增加高级国家工艺教育局证书(Higher Nitec)的学额，有效提升了相应领域的职业资格证书水平。(4)通过强有力的经济支持，推动职业院校办学条件的升级换代。无论是理工学院还是ITE，办学经费均主要来自政府补助，理工学院的建设投资基本上一次到位，对一些淘汰较快的设备，如计算机等，国家要求3年全面更新一次，费用全由政府承担。2015年，新加坡政府财政公共支出中，教育占比为21.4%，仅次于国防，位列第二。(5)开展广普性技能

① Ministry of Education Singapore. Education Statistics Digest 2018[EB/OL]. http://www.moe.sg.2019-12-20.

培训,全面提高国民的技能水平。1983—1987年,新加坡政府连续实施了技能训练基础教育、通过中等教育的工作提升计划、模块化技能训练项目等三个国家CET项目,扩大了培训规模,整体提升了新加坡劳动力的技能水平。2014年的技能创前程计划,更是将职教终身化作为基本指导思想,强调了终身学习和灵活学习,并进一步强化了人—职匹配,职业教育的人文色彩进一步彰显。

四、强化产教融合、产学转化,不断形成职教引领经济发展新能力

新加坡政府十分清醒地认识到,职业教育对于促进经济发展有着直接的效应,除了提供技术人才支撑经济发展外,在技术转化和技术开发方面,职业教育也有着不可替代的优势。因此,从经济发展走向技术密集型道路开始,新加坡政府就有意识地培育和发展新加坡职业教育在技术开发和服务方面的能力,并配合新技术的开发应用培养相应的技术推广人才,通过"技术+人才"成功引领经济发展,为经济社会发展提供新的增长动能。

最早开始这方面尝试的是德—新学院,一些先进制造业企业提出,如果培训学院能进行技术应用创新,并配套培养新科技的推销、推广人才,他们愿意协助学院持续升级相应设备。德—新学院应需调整,取得了巨大的成功,吸引了德国以及其他国家的先进制造科技企业,它们纷纷将其技术送到该学院,请求学院帮助实现技术应用创新。新加坡人力发展署专门成立了应用科技组,统筹管理这些跨国的技术开发合作,并负责运用专门的设备与学院资源来开办继续教育课程。

1991年,林靖东主持筹建南洋理工学院时,将法-新、德-新、日-新学院整合进南洋理工学院,使其成为理工学院的核心,并在此基础上开创了"教学工厂"的新模式,以"工业项目组"的形式,将三年级学生组织起来进行实际技术应用开发,在提升学生应用技术能力、保证人才培养"前沿性"的同时,提高了服务企业的水平,实现了在技术应用创新和技能人才培养方面对经济发展的双重引领。新加坡不少企业将研发部直接设置在学院内,企业研发工程师与学院师生共同完成新产品的开发与设计,实现了企业与学校的双赢。

21 世纪以后，新加坡职业教育进一步强化校企共建科技训练中心和教学企业的力度，与华为集团共同建立了新加坡最新一代宽带科技培训中心，与 HMI 共同建造了生产实验室。新加坡成功地将教学与科研相结合原则引入职业院校，从而开创了职业技术教育的新模式，推动新加坡职业教育成为经济发展的直接动力，产生了巨大的国际影响。

五、注重文化改良与塑造，营造职教与社会互促新氛围

如何在产业转型升级过程中推动社会文化改良，营造“重学不轻术”“追求创新”的文化氛围，关系到经济发展的持续性与持久性。在已经建立的职业资格准入制度基础上，新加坡政府通过制度建设与氛围营造，在其以华人为主的社会中成功实现了文化改良，推动了经济社会的持续繁荣。

1979 年，在确立发展技术密集型产业的同时，新加坡经济发展局设立了“技能发展基金”，规定月薪在 750 新元或以下的工人所在的机构，须按雇工工资的 4%缴纳“技能发展基金”。企业如需培训员工，可向“技能发展基金”提出申请，基金会可负担全部培训费用的 30%～70%；同时，员工还可向“技能发展基金”申请误工工资补助，使员工不至于因接受培训而减少收入。此举有效提升了员工参与职业技术教育的积极性，提高了职业教育的社会地位。同时，政府给予职业技术教育学生强有力的经济补助，提高社会对职业技术教育的接受度。理工学院学生学费的 3/4，ITE 学生学费的更高比例，均由国家补贴。此外，还在中学阶段开设了金属技术、木工技术、绘图、初级电工等基础实践课程，作为所有中学生的必修课，以增强年轻人对技术技能重要性的认识，激发其接受职业技术教育的兴趣。2014 年之后，在技能创前程计划中，新加坡政府为促进全民技能提升和终身学习，设立了系列奖教、奖学基金和奖项，既注重激发雇主支持员工技能升级的积极性，也重视解决员工在职进修的后顾之忧，在费用、荣誉、职业发展等方面给予员工全方位的支持和指导。

制度建设之外，新加坡政府和职业院校还十分重视职业教育的形象塑造。新加坡历任总理均公开强调职业技术教育的重要性，前总理吴作栋直言，“如果我们要享受世界级的生活水平，我们就必须有世界级的工

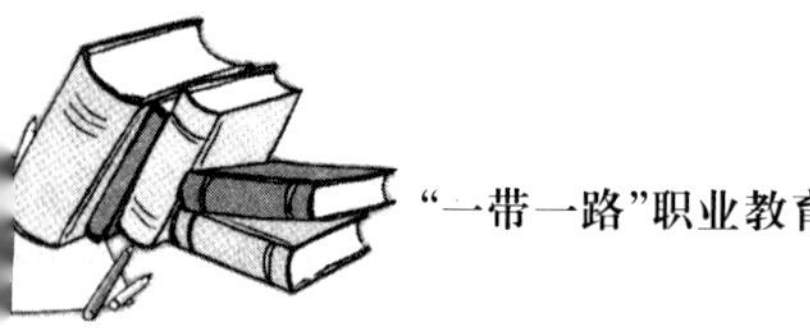

人队伍"①;政府通过组织"使用你的手"等公众大游行、开展电视竞赛和学徒年度比武等方式,推动社会文化的改良;理工学院和ITE通过体验项目、开放校园、媒体宣传、路演等方式②,深化社会对职业技术教育的认识,改变传统偏见。这些举措,均有效地推动了社会文化改良,实现了职业教育发展与经济社会发展的相互促进。

① LAW Song Seng. Vocational Technical Education and Economic Development _The Singpore Experience[C]//LEE Sing Kong, GOH Chor Boon, etc. Toward a Better Future: Education and Training for Economic Development in Singapore since 1965. Washington, D.C.: The World Bank, 2008.

② LAW Song Seng. Vocational Technical Education and Economic Development _The Singpore Experience[C]//LEE Sing Kong, GOH Chor Boon etc. Toward a Better Future: Education and Training for Economic Development in Singapore since 1965. Washington, D.C.: The World Bank, 2008.

第三章　菲律宾职业教育

菲律宾职业教育体系的形成与特点，是其独特的历史背景与国家需求的产物。本章尝试从发展战略、管理体制、学历资格框架、评估认证、普职融通衔接制度等几个方面梳理菲律宾职业教育的发展情况，并结合菲律宾职业教育发展所依托的经济、社会与教育政策背景，总结菲律宾职业教育的成就与遗憾，展望菲律宾职业教育发展面临的挑战。希望上述努力能够为我国改革和完善职业教育提供一定的参考和借鉴，或为探索中菲职业教育可能的合作策略、路径或机制打下基础。

第一节　菲律宾教育事业发展历史与现状

菲律宾是伴随殖民历史诞生的国家。14 世纪之前，早期居民散布于地理环境多样的岛屿，彼此之间社会经济生活依赖和宗教信仰的一致性相当低，一直未形成统一的国家，社会生产力发展长期处于很低水平。14 世纪以后，随着伊斯兰教的传入，苏禄和棉兰老等地出现了封建苏丹政权，实行政教合一的政治制度。[①] 1521 年，菲律宾进入了殖民者的视野。1543 年，西班牙殖民者以当时西班牙王储的名字菲利普为菲律宾中部诸岛命名，称之菲律宾群岛（Las Islas Filipinas）。从 1565 年开始，西班牙殖民统治菲律宾长达 300 多年。1898 年，菲律宾又沦为美国的殖民地。1935 年 11 月，美国允许菲律宾成立“自治政府”，并承诺 10 年后允许菲律宾正式独立。1946 年，菲律宾独立，至此成为一个自主的国家。菲律

① 中华人民共和国驻菲律宾共和国大使馆.了解菲律宾——菲历史概况[EB/OL].https://www.fmprc.gov.cn/ce/ceph/chn/flbgk/jbqk/t181346.htm.2019-08-18.

宾的教育体系也受殖民历史影响颇深。

一、教育事业发展历史

(一)菲律宾正规教育体系建设始于西班牙殖民时期

西班牙殖民早期,天主教在菲律宾举办教会学校,除西班牙人外只有少数本地贵族子弟可以入学。[①] 1611 年圣母玛利亚学院成立,后改名圣托马斯学院,1622 年正式成为高等学校,1645 年升格为大学,是自西班牙统治时期留存至今的唯一一所大学。19 世纪初,西班牙人在马尼拉建立了第一批中等职业技术学校,培养少量航海、医疗等领域的技术工人。这是菲律宾职业教育的发端。[②] 1863 年起西班牙殖民者开始在菲律宾普及初等教育,由市级政府负责在每个城镇至少设立一所公立男生小学和一所公立女生小学,实行免费教育,制定统一的小学教育大纲,同时开办师范学校[③],并设立初等教育管理委员会(Superior Commission of Primary Instruction)作为管理机构。[④] 然而由于殖民当局拨款不足,小学教育并未真正普及。中等和高等学校招生也仅限于混血儿和当地的贵族子弟。到 19 世纪 70 年代中期,菲律宾仍有一半学龄儿童是文盲。[⑤]

(二)美国在统治菲律宾时期对学校系统、课程内容、教学语言等进行了全面改革

美国在菲律宾实行公共教育和宗教分离的政策,英语取代西班牙语和菲律宾语成为主要教学语言,课程内容也进行了世俗化改革,偏重工农业生产部门所需的实用技术和职业技能。[⑥] 这一时期,菲律宾初等教育

---

① [苏]契林采娃.菲律宾的教育[J].东南亚研究资料,1982(3):80.

② 岑东莲.菲律宾职业技术教育体系的研究[D].桂林:广西师范大学硕士学位论文,2014:13.

③ 冯增俊,等.战后东盟教育研究[M].南昌:江西教育出版社,1990:276-277.

④ Department of Education, Republic of the Philippine. Historical Perspective of the Philippine Educational System [EB/OL]. https://www.deped.gov.ph/about-deped/history/.2019-11-19.

⑤ [苏]契林采娃.菲律宾的教育[J].东南亚研究资料,1982(3):80.

⑥ 冯增俊,等.战后东盟教育研究[M].南昌:江西教育出版社,1990:278-279.

空前普及，中等、高等教育机构数量增加，特别是私立高校发展迅速。[①]

1901年的74号教育法案，又称“1901年教育法”，是美国统治菲律宾后的第一部教育基本法，其核心就是引进美国教育制度。该法案为菲律宾现代公、私立教育制度打下了基础。公立学校体系方面，74号教育法案批准成立公共教育部(Department of Public Instruction)。全国分为不到10个学区，马尼拉市单独设一学区。每一城镇构成一个地方学区，均设立学校。公立学校的经费由地方学区所在的城镇税收支付，小学教育免费，普通中学收取一定学费。74号法案还授权每个学区建立一所师范学校、一所技艺学校和一所农业学校。[②] 1908年，以美国州立大学为模式的菲律宾大学在马尼拉成立。[③] 菲律宾从小学到大学的公立教育体系基本形成。公立学校体系之外，74号法案还鼓励建设私立学校。伴随私立学校的发展，1906年的1459号法案和1917年的2706号法案、1923年的3075号法案又对私立学校的教育质量做出规定，要求开办私立学校必须符合公共教育部的条例要求、接受公共教育部监督、取得公共教育部办学许可等。[④]

职业教育方面，1901年，马尼拉职业学校成立(现名为菲律宾技术大学)[⑤]，之后菲律宾陆续建立起国立、省立职业学校。1927年，联邦政府颁布联邦3377号法令，也称“1927职业教育法”，规定职业教育的主要目的是使受教育者有效地就业和谋生。

(三)自治政府延续了普及小学教育和强调技术训练的政策主张

1935年，自治政府颁布的菲律宾第一部宪法提出公立初等小学教育免费和发展以本地语言为基础的国语。1940年教育法令进一步规定进入小学的学生至少要完成初小课程。然而由于缺少经费，初等小学义务教育并未完全实施。同样因为财力紧张，1940年教育法令采取减少教育

① 王留栓.亚非拉十国高等教育[M].上海:学林出版社，2001:5.

② 冯增俊，等.战后东盟教育研究[M].南昌:江西教育出版社，1990:278-279.

③ 王留栓.亚非拉十国高等教育[M].上海:学林出版社，2001:4-5.

④ 冯增俊，等.战后东盟教育研究[M].南昌:江西教育出版社，1990:280.

⑤ 张珣.菲律宾职业技术教育研究[J].太原城市职业技术学院学报，2013(5):31.

年限和教学时间的办法扩大公立小学学生容量,造成教学质量的下降。①

在职业教育政策上,自治政府延续了对技术训练和职业教育的主张。1939 年联邦法令把职业教育提高到中学后程度。② 1940 年教育法令和 586 号法令简化课程、强调工业技术训练,大力发展公、私立中学,中等职业学校与工、农业技校。1941 年公共教育部颁发行政令,规定城市非职业中学的课程须包含职业科目,设置在必修、限制性选修和任意选修科目中。这种课程设置一直延续到 1956—1957 学年。③

(四)菲律宾独立后推行推广菲律宾语、全面实施初等教育、修订小学课程、扩大和改善职业教育、发展社区学校等教育改革

独立后的菲律宾在学校教育中推广民族语言,但是并未放弃使用英语,而是采用英语、菲律宾语双语教学。④ 1954 年,菲律宾国会通过立法设立全国教育委员会(The Board of National Education)作为最高教育决策机构。1955 年全国教育委员会提出了菲律宾教育的基本目标,并据此制定了初、中、高等教育的教育目标。⑤ 1957 到 1958 年,教育部修订了小学课程,其中劳动教育包括农业生产、家务劳动、工业生产、售货知识技能以及与工作习惯、劳动态度养成,掌握工作技能和知识有关的其他活动。⑥

独立后的菲律宾急需中等职业技术人才作为劳动密集型经济的支撑力量。20 世纪 50 年代,菲律宾政府不仅新建职业技术中学,还通过国会立法将一批普通中学转为职业技术中学。⑦ 同时,普通中学课程也实施了旨在培养学生职业价值观和职业技术意识的改革——“中学普通课程 2—2 计划”,即第一阶段一、二年级学习相同课程,第二阶段分为以升入高校为目标的学术性课程和为升入职业学校学习做准备的职业性课程。菲律宾独立的最初 10 年,普通公立中学数量增加了近两倍,学生数量几

① 冯增俊,等.战后东盟教育研究[M].南昌:江西教育出版社,1990:281-283.
② 韦国锋.菲律宾职业技术教育概述[J].外国中小学教育,1994(6):37.
③ 冯增俊,等.战后东盟教育研究[M].南昌:江西教育出版社,1990:293-294.
④ 冯增俊,等.战后东盟教育研究[M].南昌:江西教育出版社,1990:287.
⑤ 冯增俊,等.战后东盟教育研究[M].南昌:江西教育出版社,1990:286.
⑥ 冯增俊,等.战后东盟教育研究[M].南昌:江西教育出版社,1990:289.
⑦ 冯增俊,等.战后东盟教育研究[M].南昌:江西教育出版社,1990:293.

乎翻番。[①] 公立中学因经费紧缺成为教育系统中突出的薄弱环节。由于经费短缺,"中学普通课程 2—2 计划"并未大范围实施。[②]

20 世纪 40 年代,社区学校在美国刚刚兴起,菲律宾就将其引入国内。1949、1957 年,公立教育局和全国教育委员会分别将社区学校列为发展计划。1949—1950 学年度到 1956—1957 学年度之间的 8 次全国学校督学年度大会,有 5 次以社区学校为主题。[③]

菲律宾独立前的公立高校仅有菲律宾大学、菲律宾师范学校和几所开设大专课程的职业学校、师范学校,因此独立后非常重视公立高等学校建设。到 1969—1970 学年度,公立高校增加至 94 所,其中绝大多数为农业、渔业、工艺、技术、师范等职业技术院校。[④] 私立高校的数量同样增长很快。实际上除小学外,菲律宾独立初期学前教育机构、中学、高校和职业学校都以私立为主。私立职业学校通常设置半年的短期课程,内容为各种实用技术,对学员也没有学历基础要求。[⑤]

1972 年发布的教育发展法令是 20 世纪 70 年代菲律宾教育改革的纲领性文件,将中等水平的熟练劳动力培养确定为教育目标之一。[⑥] 1973 年中等教育修订方案明确指出,中等教育的目标是使个人与社会得到发展,尤其是使学生掌握基本职业技能,学会生存的本领。[⑦] 1974 年的"新劳动法令"意在通过发展教育提高劳动力素质。[⑧] 为培养满足社会经济发展所需的劳动力,菲律宾大力贯彻教育与生产劳动相结合的方针,在中、小学加强劳动生产、实用工艺和职业教育。[⑨] 1973 年和 1977 年,菲律宾教育文化部对中小学课程进行了重大改革,从五年级开始增加实用工艺课,三到九年级的劳动教育主要是结合家庭、学校和社会安排一些劳

---

① 冯增俊,等.战后东盟教育研究[M].南昌:江西教育出版社,1990:292.

② 冯增俊,等.战后东盟教育研究[M].南昌:江西教育出版社,1990:294-297.

③ 冯增俊,等.战后东盟教育研究[M].南昌:江西教育出版社,1990:291.

④ 冯增俊,等.战后东盟教育研究[M].南昌:江西教育出版社,1990:301-303.

⑤ 冯增俊,等.战后东盟教育研究[M].南昌:江西教育出版社,1990:304-305.

⑥ 冯增俊,等.战后东盟教育研究[M].南昌:江西教育出版社,1990:309-310.

⑦ 潘懋元.东南亚教育[M].南京:江苏教育出版社,1998:56.

⑧ 中华人民共和国驻菲律宾共和国大使馆.了解菲律宾——文化和教育[EB/OL].https://www.fmprc.gov.cn/ce/ceph/chn/flbgk/jbqk/t67673. htm.2019-08-03.

⑨ 中华人民共和国驻菲律宾共和国大使馆.了解菲律宾——文化和教育[EB/OL].https://www.fmprc.gov.cn/ce/ceph/chn/flbgk/jbqk/t67673. htm.2019-08-03.

动,同时提供80多种选修科目,让学生在老师的指导下选择一门职业课。[①] 高等教育则重点转向工程技术等应用学科,各种职业技术院校有了较大发展。[②]

1973年菲律宾宪法已将免费教育覆盖至公立小学教育,并提出在经济条件许可的地区建立免费的中学教育,但未提及“义务教育”。1987年宪法进一步提出公立中学教育免费的要求,并首次将小学教育规定为义务教育。但考虑到部分地区交通不便或武装冲突时有发生,同时规定父母养育孩子的自然权利不受“义务教育”的限制,父母有权决定是否送孩子入学。[③] 1988年,根据“共和国第6655号法案”(又称“1988年免费公立中等教育法”),菲律宾开始实施免费的公立中等教育。为了保证制度的落实,公立中学的管理和经费由地方政府转归教育文化体育部负责,中等教育的质量问题也因此得到了一定程度的改善。[④]

二、现行教育体制与发展现状

(一)教育系统与学制

菲律宾教育系统包括正规教育与非正规教育两类。正规教育是包括初等教育、中等教育和高等教育的三级体制。[⑤] 菲律宾1987年宪法规定了从基础教育到高等教育的6—4—4义务公共教育制度,即:基础教育6年,其中初小4年、高小2年;中等教育4年,无初、高中之分;高等教育涵盖全部中学后项目,包括1~3年的职业教育、4~5年的专业学位教育以及研究生教育等。小学分为地区示范小学、一般小学和乡村小学。中等学校分为普通中学和职业中学,普通中学还分普通公立(GPHS)/私立中学、科学中学(SHS)、地方科学中学(RSHS)等。中学前两年开设统一的

① 彭运锋.菲律宾教育简况[J].基础教育研究,2008(8):52.

② 中华人民共和国驻菲律宾共和国大使馆.了解菲律宾——文化和教育[EB/OL].https://www.fmprc.gov.cn/ce/ceph/chn/flbgk/jbqk/t67673.htm.2019-08-03.

③ 冯增俊,等.战后东盟教育研究[M].南昌:江西教育出版社,1990:318-319.

④ 冯增俊,等.战后东盟教育研究[M].南昌:江西教育出版社,1990:319-320.

⑤ 郑阳梅.菲律宾国家教育概况及其教育特色研究[J].广西青年干部学院学报,2015(4):69.

学术和职业课程，后两年的课程则分为普通科目与职业科目。普通中学继续提供中等学术综合理论课程，而职业中学除提供相同的课程外还加上职业课程。科学中学提供比普通公立中学课程更高级的科学、数学和英语的扩充课程。① 非正规教育主要为校外青少年、成年文盲等特定群体提供扫盲和生计训练课程，学习时间一般为6～10个月不等。②

2012年6月，菲律宾开始分阶段实施K-12初等教育体制，为国民提供包括学前教育在内的13年免费义务教育，即1年学前教育、12年中小学教育(6年小学、4年初中、2年高中)。③ 学前教育没有强制性要求，初、中等教育以政府办学为主。菲律宾普通高中教育分为4个发展轨道：学术、技术—职业—生计(TVL)、运动、艺术和设计。其中，技术—职业—生计轨道的课程是为学生继续接受职业教育或就业做准备的，包括家政、农渔、工艺和信息通信技术四个方向。毕业生经过技术教育和技能发展署的能力测试，可获得国家证书(National Certificate，NC)I或国家证书II。④

(二)投资、管理体制

1975年菲律宾政府对教育文化部(Department of Education and Culture)进行机构改革，将权力下放到地方，全国教育管理分为13个学区，由学区的教育文化局直接监管，此后逐渐形成了中央和地方两级管理的体制。⑤

菲律宾实行公、私立并存互补的教育制度，初、中级教育以政府办学为主，学校分为国立、省立、市立和村立学校。私立学校由私人、教会和家族举办，在高等教育和职业教育领域占据绝对优势。菲律宾政府重视教育投资，1987年宪法规定，教育部每年可获得政府机构中最高额度的财政

---

① 彭运锋.菲律宾教育简况[J].基础教育研究，2008(8)：52.

② 郑阳梅.菲律宾国家教育概况及其教育特色研究[J].广西青年干部学院学报，2015(4)：69.

③ 高皇伟.菲律宾基础教育改革新动态——K-12基础教育体制述评[J].世界教育信息，2013(7)：51.

④ World Education News＋Reviews.Education in the Philippines [EB/OL].https：//wenr.wes.org/2018/03/education-in-the-philippines.2019-12-15.

⑤ 彭运锋.菲律宾教育简况[J].基础教育研究，2008(8)：52.

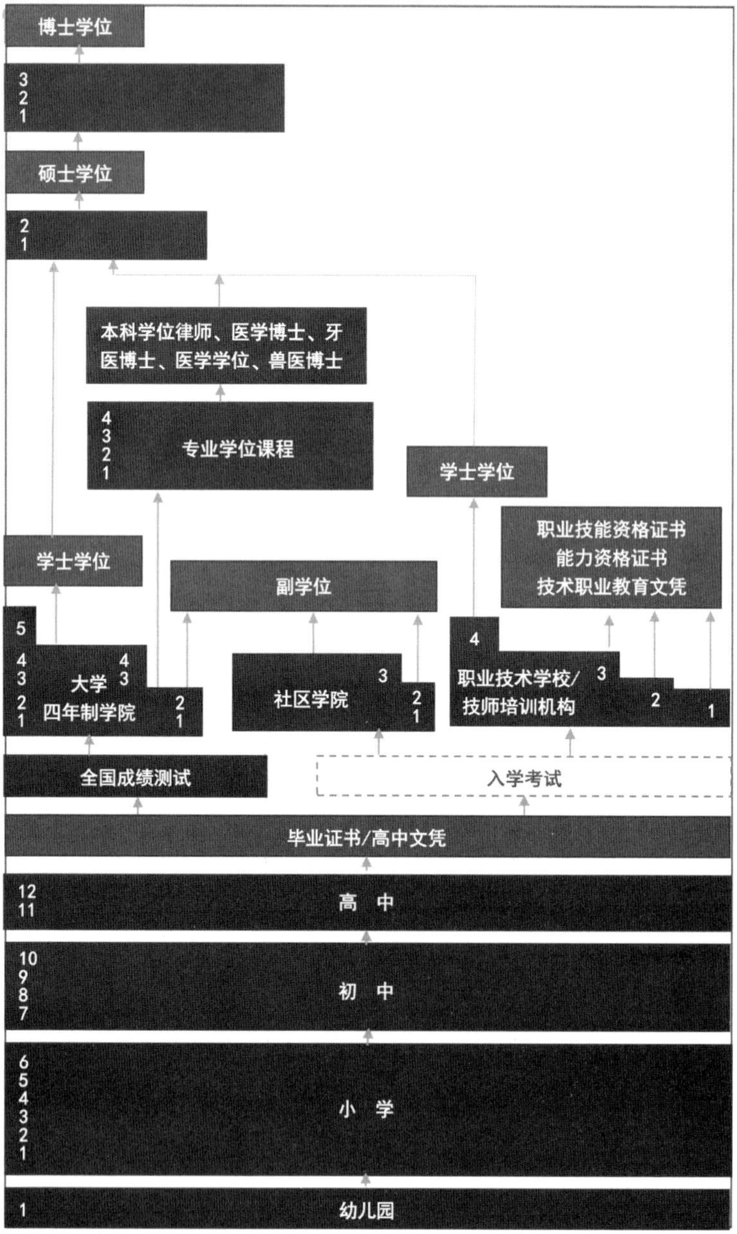

博士学位

3
2
1

硕士学位

2
1

本科学位律师、医学博士、牙医博士、医学学位、兽医博士

4
3
2
1
专业学位课程

学士学位

职业技能资格证书
能力资格证书
技术职业教育文凭

学士学位

副学位

5
4
3
2
1
大学
四年制学院
4
3
2
1

社区学院
3
2
1

4
职业技术学校/技师培训机构
3
2
1

全国成绩测试

入学考试

毕业证书/高中文凭

12
11
高　中

10
9
8
7
初　中

6
5
4
3
2
1
小　学

1
幼儿园

图 3-1　菲律宾现行学制

拨款。[1] 2018 年菲律宾公共教育支出 102.6 亿美元，占政府支出的 24%。[2] 中学后职业技术教育的管理机构技术教育与技能发展署 2016 年预算为 64 亿比索。然而由于国家整体财力有限，源于美国殖民时期的私立教育制度也一直保留下来。20 世纪七八十年代，菲律宾颁布了一系列资助私立学校的教育法规，如“1972 年教育发展令”提出资助私立学校的课程与设施，菲律宾第一部教育基本法“1982 年教育法”承认私立学校在教育体系中的补充作用，允许其取得政府拨款、资助或金融机构贷款，1987 年宪法规定了私立学校的免税政策和学生资助制度。菲律宾第一部资助私立教育的专门法是 1989 年的“共和国 6728 号法案：《政府资助私立教育中的学生与教师法》”，内容涉及对私立中学和职业技术学校学生的学费补助、教科书资助，对高校学生的奖学金、学费补贴、学费减免、生活津贴、教育贷款，以及对高校教师的进修资助。[3]

（三）发展成就与问题

从现实的学生入学比例、学校数量与分布、学校办学模式、学生求学渠道等方面来看，菲律宾的教育与其他发展中国家相比确实比较发达。2018 年，菲律宾小学生入学率为 110.9%，毕业率为 104%；中学生入学率为 89%；高等教育入学率为 35.28%。2013 年菲律宾成人识字率为 96.4%。[4] 然而，由于菲律宾经济并不发达，教育机会大众化、民主化与教育质量之间的矛盾冲突也相当突出。免费教育政策使教育经费和资源捉襟见肘，学校教学设备简陋、教师数量短缺等问题在各级教育中都是长期普遍存在的问题。由于国民经济困难、部分地区社会治安不稳、大量农村经济落后地区仅开办不完全小学等原因，各级教育都长期存在高入学率与高辍学率相伴的现象。资源投入不足导致学生的低学业成就。菲律宾最近一次参加国际数学和科学水平测试（Trends in International

---

① 张博闻，等.《阶梯化教育法案》：菲律宾职业技术教育改革及启示[J].职业技术教育，2017(18)：67.

② World Education News＋Reviews.Education in the Philippines [EB/OL].https：//wenr.wes.org/2018/03/education-in-the-philippines.2019-12-15.

③ 冯增俊，等.战后东盟教育研究[M].南昌：江西教育出版社，1990：321-325.

④ 世界银行.菲律宾[EB/OL].https：//data.worldbank.org.cn/country/philippines.2019-08-02.

Mathematics and Science Study，TIMSS）是在 2013 年，数学在 38 个参与国家中排名第 34 位，科学在 46 个国家中排在第 43 位。[①] 菲律宾高等教育还存在学科结构严重失衡的问题。[②]

第二节 菲律宾职业教育体系

菲律宾的教育体系受殖民历史影响颇深，典型特点之一是强调职业训练的传统。西班牙殖民者在菲律宾建立了第一批中等职业技术学校。美国殖民者推进菲律宾教育系统化的重要内容之一是将职业课程纳入教育系统，同时推进工、农业专科学校的建立。菲律宾自治政府延续了对工业技术训练的重视，一方面大力发展中等职业学校与工、农业技校，另一方面在普通中学设置职业科目。菲律宾独立后将中等水平的熟练劳动力培养作为教育发展的重点目标，提高职业中学在中学中的比例，在小学和普通中学教学中加强劳动生产教育、实用工艺和职业教育，高校建设也以职业技术院校为主。

在上述职业教育发展基础之上，20 世纪 90 年代起菲律宾多方借鉴职业教育发达国家的理论与经验，构建以技术教育和技能开发署为核心机构的管理机制，确定职业教育发展的国家战略，开发国家能力标准，并依据国家能力标准设计职业技术课程结构、国家资格框架、学员评估和认证系统等，形成了自己的职业教育体系特点。

菲律宾的中学后职业技术教育由劳动就业部（Department of Labor and Employment，简称 DOLE）的技术教育与技能发展署（Technical Education and Skills Development Authority，TESDA）独立规划、监督和管理。菲律宾有设置专门部门独立管理职业教育体系的传统，TESDA 的成立和职能演进是菲律宾职业教育长期探索和发展的结果。1963 年，菲律宾独立的职业教育管理部门——职业教育局成立，与管理中小学教育和师范学院的公立学校教育局和负责私立院校管理的私立教育局并立。

---

① World Education News+Reviews.Education in the Philippines [EB/OL].https://wenr.wes.org/2018/03/education-in-the-philippines.2019-12-15.

② 冯增俊，等.战后东盟教育研究[M].南昌：江西教育出版社，1990：339-345.

这种职业教育按类型独立管理的体制在 1975 年被打破，又在 1985 年恢复。其间菲律宾职业教育经历了经济衰退形势下的发展低谷和经济全球化背景下的重整旗鼓。① 1994 和 1995 年，高等教育委员会（Commission on Higher Education，CHED）、技术教育与技能发展署相继成立，分别管理高等教育和中学后、中等劳动力的培养，教育文化体育部（Department of Education，Culture and Sports，DECS）则专门管理基础教育。2001 年教育文化体育部更名为教育部（Department of Education，DepEd），但基础教育、高等教育和职业教育与培训三足鼎立的管理模式延续至今。②

1994 年"共和国第 7796 号法案"（又称《技术教育与技能发展法案》）要求产业和劳动部门、地方政府和职业教育机构共同参与，提供实用、可得、高质量和高效的技术教育与技能开发项目，培养高质量、与菲律宾发展目标和重点领域需求一致的中级劳动力。③ 同年，TESDA 依据 1994 年"共和国第 7796 号法案"成立，整合了原劳动就业部下辖的全国人力和青年理事会、教育文化体育部下辖的职业教育局、劳动就业部地方就业局的学徒制办公室等机构。从管理体制上将职业教育与就业部门相结合，目的是促进产业部门、劳动力、当地政府部门以及职业教育与培训机构在国家人力资源技能开发和就业安置上的资源整合和协作。④

TESDA 的组织管理结构是根据上述任务和职责分工设计的。董事会是菲律宾职业教育最高政策决策机构，负责协调和制定全国技术教育和技能发展计划。成员有劳工组织、雇主、商业投资和教育培训行业代表以及劳动和就业部、技术教育和技能发展署、教育部、贸易和工业部、农业

① 韦国锋.菲律宾职业技术教育概述[J].外国中小学教育，1994(6)：37.

② Department of Education，Republic of the Philippine.Historical Perspective of the Philippine Educational System [EB/OL]. https://www.deped.gov.ph/about-deped/history/.2019-11-19.

Technical Education and Skills Development Authority，Republic of the Philippine.Brief History of TESDA[EB/OL]. http://www.tesda.gov.ph/About/TESDA/10. 2019-11-19.

③ 张珣.菲律宾职业技术教育研究[J].太原城市职业技术学院学报，2013(5)：32.

④ Technical Education and Skills Development Authority，Republic of the Philippine.Brief History of TESDA[EB/OL].http://www.tesda.gov.ph/About/TESDA/10. 2019-11-19.

部、内政部、科技部、高等教育委员会等相关政府部门人员。[①] 执行主任办公室下设的7个办公机构分工明确。其中，规划办(Planning Office)负责政策研究、评估、项目开发；外联办(Partnerships and Linkages Office)负责合作伙伴的联络和激励；全国技术教育和技能发展研究所负责研发相关技术、课程、培训资助，开展学习和培训项目；资格标准办负责能力标准编制和相关项目、系统开发；认证办负责能力评估和项目注册。[②] 为了具体工作开展的便利，TESDA还在全国设17个区域办公室和87个省级办公室。[③]

TESDA的职能主要体现在以下3个方面。

一、通过制定政策、发布规划和提供信息为菲律宾职业教育体系提供明确的发展方向和计划重点

1994年“共和国第7796号法案”规定“TESDA必须根据国家就业政策和计划优化配置的要求，制定一项中等劳动力综合发展计划，通过开发和利用熟练技术工人的就业和创业来促进国家经济和社会发展”。这一计划即全国技术教育和技能发展计划(National Technical Education and Skills Development Plan，NTESDP)[④]。NTESDP将提高全球竞争力、农村改革发展和促进社会融合作为职业教育发展的重点方向，将“培养世界一流并具有积极工作价值观的技术熟练劳动力，从而建设繁荣富强的菲律宾，为公民提供经济安全、更多社会福利和体现个人尊严的生活”作为

---

① Technical Education and Skills Development Authority，Republic of the Philippine. TESDA Board Members [EB/OL]. http://www.tesda.gov.ph/About/TESDA/157. 2019-11-19.

② Technical Education and Skills Development Authority，Republic of the Philippine. TESDA Organizational Structure [EB/OL]. http://www.tesda.gov.ph/About/TESDA/12. 2019-11-19.

③ 2018 TESDA Annual Report [EB/OL]. https://www.tesda.gov.ph/About/TESDA/21987. 2020-03-07.

④ Technical Education and Skills Development Authority，Republic of the Philippine. TESDA Core Business [EB/OL]. http://www.tesda.gov.ph/About/TESDA/86. 2019-11-19.

目标。[①] TESDA 成立至今 NTESDP 已经开展了 4 轮。第一轮(2000—2004 年)主要内容是奖学金等资助方案,目的在于提高职业教育接受率和教育公平。第二轮(2005—2009 年)的目的是提高职业教育质量,培养胜任国际市场需求的劳动力,使技术工人体面地工作。第三轮(2011—2016 年)的目标是实现职业教育的有效培训管理,加强熟练技术工人的培训针对性,满足国家对中层科技研究人才的需求等。[②] 第四轮(2018—2022 年)着眼于经济可持续、包容性增长和解决贫困等议题,提出了双管齐下的职业教育与技能发展策略,一是培养具有全球竞争力的劳动者,二是提高就业、减轻贫困,助力社会公平。[③]

TESDA 在研究制定相关计划、政策、规章以及开展自身建设的过程中,除了以国家教育法令和政策为依据,还以国际职业教育发展趋势和标准为参照,同时充分考虑各利益相关方的发展需求。因此,TESDA 非常重视通过行业发展信息与人力情报收集、国内外劳动力市场供求监测、外部经济与技术环境预测、客户满意度调查等渠道,获取职业教育和技能发展方面及时、准确的信息和数据。这些数据也使各利益相关方的决策建立在高质量的数据之上。如第四轮 NTESDP 的制定以第四次工业革命带来的技术范式转换、生态与气候变化、绿色经济、可持续发展、菲律宾移民潮、国家产业布局、性别与社会公平等国内外经济社会发展趋势为背景,对未来岗位需求重点做了具体分析和预测,认为旅游/酒店/餐饮、建筑、IT 业务流程外包和管理、通信和仓储等行业从业人员基数大且增长迅速;制造业(特别是食品和电子产品加工)、农林渔业及农产品加工等行业从业人员基数大且长期增长缓慢,但产业需要重振;健康及其他社会服务行业增长快且经济乘数效应强等。[④] NTESDP 的制定过程也充分体现

---

① 岑东莲.菲律宾职业技术教育体系的研究[D].桂林:广西师范大学硕士学位论文,2014:20.

② 岑东莲.菲律宾职业技术教育体系的研究[D].桂林:广西师范大学硕士学位论文,2014:20-21.

③ Technical Education and Skills Development Authority,Republic of the Philippine.National Technical Education and Skills Development Plan (NTESDP) 2018—2022 [EB/OL].http://www.tesda.gov.ph/About/TESDA/47. 2019-11-19.

④ Technical Education and Skills Development Authority,Republic of the Philippine.National Technical Education and Skills Development Plan (NTESDP) 2018—2022 [EB/OL].http://www.tesda.gov.ph/About/TESDA/47. 2019-11-19.

了政府部门、产业界、学术界的资源整合和协作。

二、通过标准制定与网络认证系统开发实现职业教育与培训的质量保障

TESDA以逐步提高职业教育质量为终极使命，长期开展中等程度的职业、专业、技术熟练工作的能力评估与认证，涉及岗位包括汽车技术、记账、商业服务、计算机维护、信息技术、健康服务、烹饪、旅游和酒店服务、木工、航海、家政、网页设计、英语教学等[①]。TESDA具体职责包括开发国家能力标准、学员技能评估与认证系统、统一的职业教育项目注册和鉴定系统，批准技能标准和测试方案，开展阶梯化教育项目（Ladderized Education Program），组织技能竞赛等职责履行。[②]

（一）国家能力标准开发与职业技术课程设计

20世纪90年代，俄罗斯、美国皆通过教育法案建立全国统一的行业技能标准，随后，澳大利亚在各行业能力标准基础上明确界定不同等级的能力水平要求，形成了澳大利亚国家能力标准体系。菲律宾借鉴澳大利亚构建国家能力标准体系的经验，以本国各行业工作所必须具备的能力为基础，开发出面向本国中等熟练技术工作的国家能力标准，并以此作为职业技术课程结构模块设计、国家资格框架等级设置、学员评估和认证系统建设的依据。[③] 2002年，欧盟各国教育部长共同通过了职业教育一体化发展的《哥本哈根宣言》，目的是在发展职业教育和培训欧洲特色的同时，促进成员国之间的教育交流与合作，并为此制定参照标准、认证的基本原则，建立职业教育和培训学分转移制度，促进各国间能力标准和资格的透明度、可比性、可迁移性。[④] 在此背景下，菲律宾能力标准中的能力

---

① World Education News+Reviews.Education in the Philippines [EB/OL].https://wenr.wes.org/2018/03/education-in-the-philippines.2019-12-15.

② Technical Education and Skills Development Authority，Republic of the Philippine.TESDA Core Business [EB/OL].http://www.tesda.gov.ph/About/TESDA/86.2019-11-19.

③ 岑东莲.菲律宾职业技术教育体系的研究[D].桂林：广西师范大学硕士学位论文，2014：26.

④ 李建忠.欧盟职业教育发展的若干政策走向[J].职教论坛，2007(1)：52.

单元与国际劳工组织的区域示范能力标准(亚太技能)保持一致,使其具有一定的国际通用性。[①]

在国家能力标准的开发中,TESDA负责政策导向、工作细则和标准颁布,具体标准及相关培训标准、测试工具则由行业专家负责。能力标准开发的具体方法和程序如下:首先,将某种职业目标从工作职责和工作任务两个层面进行分析,得出所需的综合能力和专项能力。其次,对各专项能力按知识、技能、态度进行要素分析和归纳,按照难易、重要程度以及在实际工作中出现的频率等排序,形成能力单元,并对其合格标准做出相应规定,以保证统一测量的可操作性。最后,形成这些能力单元的组合即某一职业或岗位的能力标准体系,其中包括四种能力学习模块,四种能力分别为:(1)基本能力,指所有行业中所有人都必须掌握的能力,目的是培养人际关系处理和自我管理能力,包括接收信息和应对职场上的沟通、合作、体现工作价值、实践管理职能等。基本能力是使学员具有普遍工作适应性的基础。(2)通用能力,指从事特定行业工作所需的能力,如农业领域要求一级工人懂得农机作业的安全措施,能够使用农具和设备、进行估计和基本计算以及实施基本急救等。(3)核心能力,是特定领域内或从事某项专门工作所需的专业能力和技术,与具体岗位工作需求匹配度最高,如农业领域要求一级工人掌握园艺作物、农作物种植和灌溉的工作技能。(4)可选能力,指在完成主要工作中有用但不是绝对必要的附加能力,如导游的驾驶能力。[②] 通用能力和可选能力的培养是为了提高学员在行业内部转换工作的能力。

菲律宾重点产业部门的关键职业、岗位的资格要求以能力单元及其工作合格标准组合的形式体现。为了应对经济、社会环境以及工作条件不断变化,强调劳动者继续获得技能的能力,TESDA定期对国家能力标准进行更新,以体现行业发展程度和市场需求变化。

为了确保课程目标、内容与人才需求的适应性,菲律宾职业技术课程结构是依据每个行业的能力标准来设计的,主要包括基本能力、通用能力和核心能力三个学习模块。每个能力单元相当于一门能力课程。每门能

---

① 鞠慧敏,等.菲律宾职业技术教育与培训的特色及启示[J].外国教育研究,2012(9):84.

② 岑东莲.菲律宾职业技术教育体系的研究[D].桂林:广西师范大学硕士学位论文,2014:26-28.

力课程都有编码，明确单元技能、学习成果、学习时间等要求，完成一门能力课程并达到该能力单元的要求，便可获得相应的能力证书(Certificates of Competency,CoC)。学习者累积了相应的能力证书就可获得国家证书。依据能力课程开设的要求，TESDA 严格规定每门能力课程所需的教学设备，如教学材料的种类和数目、教学场地的面积等。①

综上，菲律宾国家能力标准和职业技术课程设计体现了行业发展需求，注重知识、技能与具体专业岗位的匹配。统一的能力标准和课程内容，使能力课程能够在不同职业教育机构中实施，并保证内容的统一性和学员资格水平标准的一致性。②

(二)基础教育、职业教育与培训和高等教育的一体化学历资格框架

自 20 世纪 90 年代以来，英国、澳大利亚等国相继将国家职业资格制度化。2003 年菲律宾通过国家职业技能标准(National Occupational Skill Standards,NOSS)和区域示范能力标准(Regional Model of Competency Standards,RMCS)，全国统一的菲律宾职业教育与培训资格框架也相应建立起来。③

菲律宾职业技术教育与培训资格框架(The Philippine TVET Qualification Framework,PTQF)包括国家证书Ⅰ至Ⅳ级，Ⅳ是最高级别。每级证书的描述主要包括工作过程和任务、职责等。第Ⅰ、Ⅱ级主要涉及简单的技术操作流程，如国家证书Ⅰ的要求是进行常规或可预见的操作，几乎不需要做决策，工作过程中要求遵循适当的标准和常规规范、听从主管或高级别工人的工作分配。第Ⅲ、Ⅳ级的知识、技能复杂性提高，如国家证书Ⅳ的要求是能完成大部分复杂和非常规操作，能够领导和指导他人，能够解决非常规或突发性技术问题。④ 获得国家证书必须完成相应的职

---

① 岑东莲.菲律宾职业技术教育体系的研究[D].桂林：广西师范大学硕士学位论文，2014:27.

② 岑东莲.菲律宾职业技术教育体系的研究[D].桂林：广西师范大学硕士学位论文，2014:29.

③ 岑东莲.菲律宾职业技术教育体系的研究[D].桂林：广西师范大学硕士学位论文，2014:31,21.

④ 岑东莲.菲律宾职业技术教育体系的研究[D].桂林：广西师范大学硕士学位论文，2014:32-33.

业教育与培训课程，并通过证书考试。菲律宾国家证书的有效期是五年，五年后证书持有者必须申请更新证书并重新注册。如果 TESDA 更新了原证书对应的能力标准，申请人须依据新的能力标准重新进行能力评估。① 2017 年，菲律宾职业教育毕业生中持有国家证书Ⅱ级者超过 70%，仅持能力证书或国家证书Ⅰ级者各占约 10%，持有国家证书Ⅲ级者占 4.37%，持有国家证书Ⅳ级者仅 0.24%。②

2004 年 9 月 15 日，菲律宾总统阿罗约发布第 358 号行政命令，委托技术教育与技能开发署和高等教育委员会开发国家资格框架。2012 年 10 月，菲律宾总统阿基诺三世签署第 83 号总统令，将菲律宾国家资格框架（The Philippine Qualification Framework，PQF）制度化，建立基础教育、职业技术教育与培训和高等教育的一体化体系。资格框架的建立为不同教育和培训部门的学习成果提供了统一的标准，为国家层面的监管和质量保障提供了条件；也便于学生和劳动者在不同教育和培训部门之间流动，有利于终身学习体系的建立和完善。菲律宾国家资格框架与国际资格框架的接轨，也便于学生和劳动者的国际流动。③

菲律宾国家资格框架全国协调委员会（The PQF National Coordinating Committee，PQF-NCC）负责制定框架实施细则、实施计划并定期开展成效反馈。协调委员会主席由教育部部长担任，成员来自技术教育和技能发展署、高等教育委员会、劳动和就业部以及专业监管委员会（The Professional Regulation Commission，PRC）。④

菲律宾国家资格框架从知识、技能和价值的获得，应用程度和独立性

---

① World Education News+Reviews.Education in the Philippines [EB/OL].https://wenr.wes.org/2018/03/education-in-the-philippines.2019-12-15.

② Technical Education and Skills Development Authority. Study on the Employability of TVET Graduates 2018 [EB/OL].https://www.tesda.gov.ph/Uploads/File/Researches/2018%20SETG%20Final%20Copy%20for%20webosting. pdf. 2020-03-07.

③ World Education News+Reviews.Education in the Philippines [EB/OL].https://wenr.wes.org/2018/03/education-in-the-philippines.2019-12-15.

④ Ladderized Education Act (RA10647) [EB/OL]. http://www.investphilippines.info/arangkada/ladderized-education-act-ra-10647. 2019-12-16.

等维度进行等级描述①,是一个涵盖基础教育、职业教育与技能发展、高等教育的八级资格体系,包括国家证书Ⅰ至Ⅳ级、职业教育文凭、学士、学士后、博士和博士后。其中五个级别涉及职业技术教育资格,即对应中级职业资格的国家证书Ⅰ、Ⅱ级和对应高级职业资格的国家证书Ⅲ、Ⅳ级和职业教育文凭。获得后三类资格需要先取得Ⅰ、Ⅱ级国家证书或中学毕业证书。高级资格的培训理论性更强,目的是培养具备一定管理能力的技能型人才。②

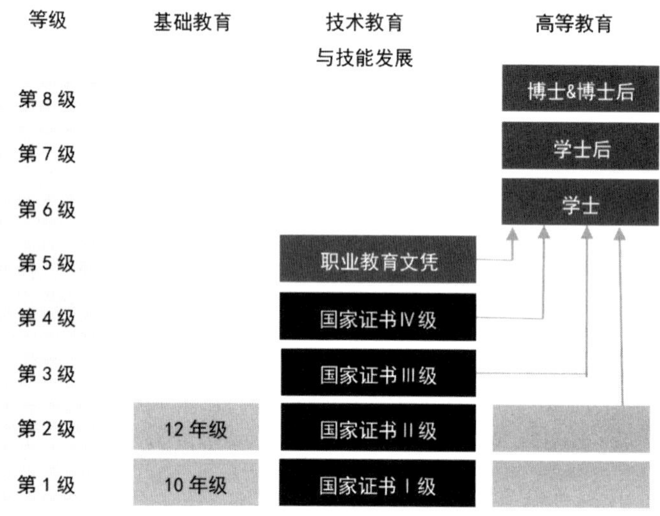

图 3-2 菲律宾国家资格框架③

(三)融通衔接普职教育的阶梯化项目

菲律宾国家资格框架开发的一个关键问题是学历资格等价衔接机制。这个等价衔接机制的指导原则是让学生和劳动者不经历重复学习即可在职业技术教育与培训系统(TVET)和高等教育系统的课程、专业和学历水平之间顺利过渡和晋升。衔接项目提供多个进入、退出学习系统

---

① 岑东莲.菲律宾职业技术教育体系的研究[D].桂林:广西师范大学硕士学位论文,2014:35-36.

② World Education News+Reviews.Education in the Philippines [EB/OL].https://wenr.wes.org/2018/03/education-in-the-philippines.2019-12-15.

③ World Education News+Reviews.Education in the Philippines [EB/OL].https://wenr.wes.org/2018/03/education-in-the-philippines.2019-12-15.

的机会和学习晋升的阶梯，允许学生通过学分转移从职业技术项目过渡到大学学位项目。

为此，技术教育与技能开发署和高等教育委员会自2006年起开始阶梯化项目的改革尝试。① 2014年11月21日，菲律宾国会通过"共和国第10647号法案"即《阶梯化法案》，正式"将职业技术教育与培训与高等教育之间的阶梯化接口制度化，打通学生和劳动者的职业和教育发展通道，建立一个无缝的、无边界的教育体系，使学生和劳动者有权选择何时进入和退出教育阶梯，并在每个出口处提供工作平台以及赚取收入的机会"。为了实现上述目标，该法案覆盖了全国学分转移系统、嵌入阶梯学位项目的TVET资格（Embedded TVET Qualification in Ladderized Degree Program）、后TVET衔接项目（Post-TVET Bridging Program）、能力与学分等价提升（Enhanced Equivalency）、衔接TVET与高等教育的阶梯化课程或项目（Ladderized Curricula/Programs）、认证或认可前期学习（Recognition of Prior Learning）等内容。其中，学分转移的重点是确保学生以不同方式获得的能力单元获得学分记录。嵌入阶梯学位项目的TVET资格是与高等教育或学士学位在工作机会上等价的资格。即使阶梯式学位课程的学生选择退出，仍可获得职业资格证书。能力与学分等价认定通过评估测试为学习者表现出的能力分配等效学分，使其不必在取得高一级证书或接受继续教育时重修与之相关的课程。认证或认可前期学习是指学习者通过以前的培训、工作或生活经历得来的技能和知识可以用来积累能力证书学分。②

按照《阶梯化法案》，在菲律宾国家资格框架内，TVET系统的学习者可以通过参加国家资格考试进入高等教育系统接受更高级别的学历教育。中学、高校学生也可以接受职业技术培训，提升就业竞争力。

实施《阶梯化法案》的资金由高等教育委员会、TESDA和教育部共同承担。为了法案的顺利推进，高等教育委员会、TESDA和教育部下一步的工作重点是设计统一的指南和能力等价课程，增加高质量的职业技术和高等教育课程的供给，并开展大规模的咨询和推广。在选择优先开

① UNESCO.UNESCO National Education Support Strategy (UNESS) [Z]. Philippines.Manila，2008：17.

② Ladderized Education Act (RA10647) [EB/OL]. http://www.investphilippines.info/arangkada/ladderized-education-act-ra-10647. 2019-12-16.

展阶梯化项目的学科和专业时,高等教育委员会、TESDA、教育部与各行业、劳动就业部、农业部、贸易和工业部、科技部、国家经济发展局、专业监管委员会等开展合作,充分调研劳动力市场情况并参考菲律宾发展规划,以确保初期项目的针对性和效率。

另外,法案强调,提供阶梯项目的高校课程应取得高等教育委员会的认可,遵守高等教育委员会、TESDA 和教育部联合指南中的最低课程要求,并接受课程监管。但是高校的学术自由会得到充分保护,高校审核申请者的入学资格时,对 TVET 项目的水平和成果评估的权利得到充分保障。

(四)评估与认证系统

菲律宾职业教育的评估和认证由 TESDA 依据国家培训章程(Training Regulation,TR)执行。培训章程由 TESDA 委员会发布,包含各个专业领域内的国家证书的能力标准、培训标准、评价与认证要求和测试流程,是能力评估与认证、课程设置和教学材料开发、职业教育项目注册和认证的基础。[①] 对应证书的能力标准要求,培训标准会明确规定课程设计、教学方法、学时和设备、材料需求等。培训章程是按行业来开发的,开发的优先级别则是由菲律宾国家发展计划、省级技能优先计划、全国行业技能计划等反映国家经济发展和人力资源开发的政策需求确定的。[②] 目前,菲律宾共开发了 264 个培训章程,其中建筑业最多,有 43 个。[③]

菲律宾职业教育的质量保障主要通过两个环节实现。一是对学员资格水平的评估和认证。TESDA 是菲律宾唯一有权颁发国家证书和能力证书的机构,《技术教育与技能发展法案》第 22 条规定:"国家职业技能评

---

① Technical Education and Skills Development Authority,Republic of the Philippine.Competency Standards Development [EB/OL]. http://www. tesda. gov. ph/About/TESDA/85. 2019-11-19.

② 岑东莲.菲律宾职业技术教育体系的研究[D].桂林:广西师范大学硕士学位论文,2014:43-44.

③ Technical Education and Skills Development Authority,Republic of the Philippine.National Technical Education and Skills Development Plan (NTESDP) 2018—2022 [EB/OL].http://www.tesda.gov.ph/About/TESDA/47. 2019-11-19.

估和认证体系的所有证书应由 TESDA 秘书处管理局通过并颁发。”[①]能力评估和认证主要通过菲律宾职业教育能力评估和认证体系(Philippine TVET Competency Assessment and Certification System,PTCACS)进行。截至 2018 年,TESDA 已有 4482 个经过认证的测试中心和 3726 名评审员为申请认证的人员提供能力测试服务。[②] 测试形式包含口试、笔试、雇主评价、工作档案和项目业绩等。TESDA 还设立专门的查询系统,提供全国范围内各职业领域人员认证的信息。在职业教育机构参加培训的学员必须参加测试和认证,因为机构培训项目在统一的职业教育项目注册和鉴定系统注册,就必须按照国家培训章程规定的能力标准和培训标准来实施。学员只有通过测试和认证,证明自己某个能力单元的学习达到课程目标相应的能力要求,才能获得国家证书或者从职业技术学校毕业。没有参与机构培训的人也可以申请在指定地点参加测试。[③] 2018 年,TESDA 共测试 1857920 人,1716967 人获得认证。[④]

二是对职业教育课程的注册与鉴定。1998 年 1 月 23 日,国家评估委员会(National Assessment Boards,NABS)颁布决议案,建立统一的职业教育课程注册和鉴定系统(unified TVET Program Registration and Accreditation System,UTPRAS),对职业教育课程进行注册与鉴定。在菲律宾开展职业教育的机构,无论是公立学校还是私立学校,开设某一行业中某一技能能力等级的职业教育课程都需要在 UTPRAS 中完成强制性注册,以保证学习者无论在哪里接受培训,都要达到国家培训章程所要求的最低标准。申请注册的课程需要经过条件检查和审核,具体核查内容包括课程设计、教职工资格、场地空间、设备工具、材料供应等。上述内容达到最低标准,通过审核的机构获得课程注册证书(Certificate of Program Registration,CoPR),课程正式列入 TESDA 注册课程目录。TESDA 通常还会对培训课程进行定期审核,并在收到投诉时对课程进行监

---

① 岑东莲.菲律宾职业技术教育体系的研究[D].桂林:广西师范大学硕士学位论文,2014:37.

② 2018 TESDA Annual Report [EB/OL].https://www.tesda.gov.ph/About/TESDA/21987. 2020-03-07.

③ Andrea Bateman& Mike Coles.Towards Quality Assurance of Technical and Vocational Education and Training [M].Paris:UNESCO,2017:174-176.

④ 2018 TESDA Annual Report [EB/OL].https://www.tesda.gov.ph/About/TESDA/21987. 2020-03-07.

管。截至2018年,向TESDA注册的课程共16234门,其中2018年新注册课程7480门。2018年,TESDA共审核课程8263门,其中6946门符合TESDA或业界标准。①

职业技术教育与培训的培训师也必须进行职业技能课程学习,通过评估并获得一定的国家资格等级认证。② 2011年,在"全国职业技术教育与培训培训师和评审员资格项目"实施的基础上,TESDA通过了"菲律宾职业技术教育与培训培训师和评审员资格框架"。这一框架体系对培训师和评审员的培训、能力评估、培训的设计和监督提供了能力标准。③

三、作为职业教育与培训的直接服务或管理机构参与劳动力培养

TESDA的职业技术教育和培训有基于机构的(Institution-based)、基于企业的(Enterprise-based)、基于社区的等类型(Community-based),每种类型又分不同的形式,如基于机构的巡回训练(Mobile Training)和数字化学习(E-learning),基于企业的在职徒工训练(Learnership)、学徒制(Apprenticeship)、双元制(DTS/DTP)等。2018年各类教育和培训招生2385473人。其中,基于社区的教育与培训招生1355107人,占招生总数的56.8%;基于机构的教育与培训招生942841人,占招生总数的39.5%;基于企业的教育与培训招生87525人,占招生总数的3.7%。2702199名毕业生的数量分布呈相同的趋势。基于社区的教育与培训毕业生1726837人,占总数的63.9%;基于机构的教育与培训毕业生897790人,占总数的33.2%;基于企业的教育与培训毕业生77572人,占总数的2.9%。④

为了保证职业教育机会的公平和便捷,TESDA下辖的教育与培训

① 2018 TESDA Annual Report[EB/OL].https://www.tesda.gov.ph/About/TESDA/21987.2020-03-07.

② 岑东莲.菲律宾职业技术教育体系的研究[D].桂林:广西师范大学硕士学位论文,2014:43.

③ 张珣.菲律宾职业技术教育研究[J].太原城市职业技术学院学报,2013(5):32.

④ 2018 TESDA Annual Report [EB/OL].https://www.tesda.gov.ph/About/TESDA/21987.2020-03-07.

机构(TESDA Technology Institutions, TTIs)直接向社会提供培训项目。[①] 到2018年,这类机构共122家,其中下属学校56所(农业类14所,渔业类5所,贸易类37所),培训中心61个(包括16个地区级培训中心和45个省级培训中心),特别培训中心5个。[②] 职业学校主要提供一、二、三年制的长期项目。培训中心主要开展中、短期培训项目,一般周期3～6个月,大部分不超过1年。[③] 特别培训中心提供专门服务,如TESDA女子培训中心是日本政府援建项目,除了提供培训,还关注女性创业以及女性发展的相关政策、项目、研究工作,维护女性利益。TESDA培训中心-达义市企业校园是TESDA与行业组织的共建项目,合作企业提供培训费用、负责设施维护,收入归TESDA发展基金。韩国—菲律宾信息技术培训中心是TESDA、韩国政府和菲律宾相关地方政府的合作项目,分别设置在奎松市诺瓦利什理工大学和达沃市等4个城市的地区技能发展中心。另外,全国35所语言学校免费为有意赴海外工作的学员提供英、韩、中、日、西班牙等语言培训。[④] 2018年,TTIs共招生286382人,毕业学员261094名。[⑤]

基于企业的培训项目只能由TESDA认证的企业提供。学徒制项目

---

① Technical Education and Skills Development Authority, Republic of the Philippine. TVET Programs [EB/OL]. http://www.tesda.gov.ph/About/TESDA/24. 2019-11-19.

② 2018 TESDA Annual Report [EB/OL]. https://www.tesda.gov.ph/About/TESDA/21987. 2020-03-07.

③ 张珣.菲律宾职业技术教育研究[J].太原城市职业技术学院学报,2013(5):32.

④ Technical Education and Skills Development Authority, Republic of the Philippine. Center Based Program [EB/OL]. http://www.tesda.gov.ph/About/TESDA/36. 2019-11-19.

Technical Education and Skills Development Authority, Republic of the Philippine. TVET Programs [EB/OL]. http://www.tesda.gov.ph/About/TESDA/24. 2019-11-19.

Technical Education and Skills Development Authority, Republic of the Philippine. TESDA Language Skills Institutes [EB/OL]. http://www.tesda.gov.ph/About/TESDA/39. 2019-11-19.

⑤ 2018 TESDA Annual Report [EB/OL]. https://www.tesda.gov.ph/About/TESDA/21987. 2020-03-07.

时长 4～6 个月，徒工训练项目不超过 3 个月，双元制项目不超过 2 年。[①] 基于社区的培训项目主要满足贫困和社会边缘化人群的非正规教育需求，除了技能培训，更重要的意义在于催化谋生型创业和协助社会福利工作。[②] 基于社区的培训项目和乡村项目是近年来菲律宾职业教育与培训扩招的主要渠道。[③]

另外，自 2012 年 5 月起，TESDA 开始上线网络课程。截至 2018 年 12 月 31 日，注册用户已达 1269973 人，其中 2018 年新注册用户 155528 人。[④]

TESDA 还开发和实施一系列职业教育奖学金项目，如私立教育学生资助计划（Private Education Student Financial Assistance，PESFA）、岗前培训奖学金项目（Training for Work Scholarship，TWSP）、就业特训计划（Special Training for Employment Program，STEP）。这些项目一方面为职业教育的机会公平提供保障，另一方面也是将资源引导向紧缺技能培养的激励机制，同时对提高职业教育的效率、提升学员就业率有所帮助。[⑤] 2018 年，PESFA 覆盖了 21189 名新生和 19818 名毕业生，STEP 覆盖了 68762 名新生和 62967 名毕业生，TWSP 覆盖了 348960 名新生和 322129 名毕业生。[⑥]

---

① Technical Education and Skills Development Authority，Republic of the Philippine.Enterprise Based Program [EB/OL]. http://www.tesda.gov.ph/About/TESDA/38. 2019-11-19.

World Education News + Reviews. Education in the Philippines [EB/OL]. https://wenr.wes.org/2018/03/education-in-the-philippines.2019-12-15.

② Technical Education and Skills Development Authority，Republic of the Philippine.Community Based Program [EB/OL].http://www.tesda.gov.ph/About/TESDA/37. 2019-11-19.

③ Technical Education and Skills Development Authority，Republic of the Philippine.National Technical Education and Skills Development Plan (NTESDP) 2018—2022 [EB/OL].http://www.tesda.gov.ph/About/TESDA/47. 2019-11-19.

④ 2018 TESDA Annual Report [EB/OL].https://www.tesda.gov.ph/About/TESDA/21987. 2020-03-07.

⑤ Technical Education and Skills Development Authority，Republic of the Philippine.Scholarship and Student Assistance Programs [EB/OL]. http://www.tesda.gov.ph/About/TESDA/1279. 2019-11-19.

⑥ 2018 TESDA Annual Report [EB/OL].https://www.tesda.gov.ph/About/TESDA/21987. 2020-03-07.

第三节　菲律宾职业教育特色与问题

菲律宾在职业技术教育发展及体系建设过程中注重借鉴和学习发达国家的理论成果和成功经验，主动顺应国际职业教育的发展趋势，同时适应本国国情采取务实的发展策略，形成了具有自身特色和影响的职业教育格局。然而，综合菲律宾经济和社会发展的总体情况来看，职业教育的进一步发展很难得到足够支撑，供给驱动的职业教育既面临资源缺口也受限于本国劳动力市场。国际技能劳动力市场也对菲律宾职业教育的质量提出挑战。

一、菲律宾职业教育特色

菲律宾借鉴发达国家教育理念与实践经验，采取能力本位、终身教育的价值取向，发展基于社区的职业教育模式，支持私营职业技术学校和培训机构，以立法保障改革发展等，建立并完善了自身的职业技术教育与培训体系。

（一）能力本位、终身教育理念和立法保障贯穿菲律宾职业技术教育与培训体系建设

“能力本位”教育理念产生于 20 世纪六七十年代美国高校教师教育领域，并在英联邦国家职业教育与培训体系建设中影响深远。职业教育中的“能力本位”强调以职业实际操作能力为基础，按行业发展中对技术能力的具体要求来组织教学。以能力本位理念为指导，菲律宾按照行业工作过程中所必须具备的能力标准制定并颁布了自己的国家能力标准，并以此作为职业教育课程模块设计、国家资格框架等级设置、学员评估和认证系统建设等的依据。①

---

① 岑东莲.菲律宾职业技术教育体系的研究[D].桂林：广西师范大学硕士学位论文，2014：4.

国家资格框架、以能力标准为基础的模块式课程设置等允许学员灵活学习。学习者不需要遵循固定的课程日程和地点安排,可以根据自身条件选择不同的职业教育培训机构和培训形式,在各个人生阶段都能获得技能提高和认证,个人职业技能持续发展的终身学习需求可以得到充分满足。

菲律宾的教育发展与改革一直是以立法为保障的。只要未被后来的立法废止,即使美国殖民统治期间,自治政府的教育法规和马科斯军管时期的总统令仍然有效。法规的历史连续性保证了教育改革与发展即使在政局动荡的背景下也不会发生大的波折。① 菲律宾职业教育的有序发展,即得益于20世纪50年代起相继颁布数十条的法律或总统令。

(二)公私立并存互补的教育投资制度和正规、非正规教育体系共同推进职业教育发展

由于政府财政能力有限,同时受美国教育模式的影响,菲律宾采取公私立并存互补的教育制度,鼓励私人投资弥补财政投入的不足。私立学校和机构是菲律宾职业教育的主力。截至2018年,TESDA共认证4219家职教机构,其中私立3866家,公立仅353家。② 菲律宾正规职业教育主要集中在中等教育和高等教育阶段。然而,热爱工作、劳动光荣的价值观教育在菲律宾整个教育系统中都得到强调,菲律宾普通教育中也处处渗透着职业教育。基础教育和中等教育课程中的职业综合课程是菲律宾根据自身社会经济及教育水平而创设的具有本国特色的课程,如在小学课程计划中劳动教育是重要的组成部分,中学课程中职业倾向性和实用主义尤为突出,为的是让上过学的人都或多或少掌握一些职业技能,增强其生存能力。基于社区的职业教育是菲律宾学习美国社区学院模式开辟的职业教育领域。菲律宾高等教育方面也侧重于高等职业教育的发展。菲律宾高等学院数量比大学数量多,除菲律宾大学外,其余的公立高校基本属于职业技术型,所设专业大多数是实用型、应用型的技术专业。③ 菲

---

① 冯增俊,等.战后东盟教育研究[M].南昌:江西教育出版社,1996:285.

② 2018 TESDA Annual Report [EB/OL].https://www.tesda.gov.ph/About/TESDA/21987.2020-03-07.

③ 岑东莲.菲律宾职业技术教育体系的研究[D].桂林:广西师范大学硕士学位论文,2014:17.

律宾很多高等教育机构除了提供高等教育外，还提供包括中等教育、职业教育等在内的多种教育形式。[①] 2017 年，菲律宾职业教育毕业生中，入学前已持有学士学位的占总数的 29.93%，大学在读者占 19.63%。[②]

二、菲律宾职业教育难题与挑战

近年来，菲律宾职业教育发展迅速，同时也面临国内劳动力市场狭小和政府投入不足的难题，并受到来自国际标准的质量挑战。

（一）国内劳动力市场狭小

菲律宾经济长期依附西方发展，现代产业部门自主发展并不健全，因而不能为日益增长的劳动力提供充分的就业机会。而且，菲律宾国内劳动力经济低价值工作与中高价值工作比为 7∶3，技能劳动力的工作机会更稀缺。由于劳动力市场有限，菲律宾职业教育与培训毕业生就业率较低，2017 年仅为 68.58%，且就业群体中仅 45.29% 从事长期性工作，35.97% 仅从事短期或季节性工作。[③] 为了获得临时性工作而移民的菲律宾人仍在逐年增加。[④] 熟练技术劳动力的外流虽然并未影响职业教育经济效益的实现，但却使其社会效益的发挥非常有限。

（二）财政投入不足

受人力资本理论的影响，菲律宾将劳动力开发作为经济发展的引擎

---

① 吴秋晨，等.菲律宾职业教育发展的现状、挑战与趋势[J].中国职业技术教育，2019(15)：82.

② Technical Education and Skills Development Authority. Study on the Employability of TVET Graduates 2018 [EB/OL].https://www.tesda.gov.ph/Uploads/File/Researches/2018%20SETG%20Final%20Copy%20for%20webosting.pdf.2020-03-07.

③ Technical Education and Skills Development Authority. Study on the Employability of TVET Graduates 2018 [EB/OL].https://www.tesda.gov.ph/Uploads/File/Researches/2018%20SETG%20Final%20Copy%20for%20webosting.pdf.2020-03-07.

④ Ecclesiastes Papong，孟莹.菲律宾职业技术教育与培训改革探析[J].职教通讯，2013(31)：40.

和政治改革的动力。培养更多高素质技术人才和劳动者,解决就业问题,已成为菲律宾国家经济和社会发展的重点。特别是为了满足社会边缘群体的发展诉求,仅在2016年菲律宾技术教育和技能发展署就提出多项职业教育扶贫措施,如旨在减少山区和农村贫困人口的"镇级技能培训项目",帮助戒毒人员和囚犯重返社会的"特别技能培训项目",帮助人口贩运受害者和受虐待妇女提高职业技能的"妇女拓展训练项目",面向遣返劳工和辍学青年的培训计划,对抗吸毒、犯罪、腐败、贫穷、分裂和对国家不忠的负面影响的"道德重塑"计划,面向菲律宾技术教育和技能发展署校友的继续教育方案,面向个人和家族企业的中小微企业专项技能和创业精神培训等。① 杜特尔特扫毒行动开始以后,从2016年7月1日至2017年7月26日就有130多万贩毒嫌疑人自首,14046人接受杜特尔特政府提供的技能培训以谋求新生。②

菲律宾的职业教育很大程度上是供给驱动的,职业技术教育与培训的政府财政经费投入只占GDP的1%。职业教育所需的培训设备、工具、设施、材料和培训师培养都需要大量经费,因此各级职业技术课程都受到设备、师资甚至评估人员缺乏的困扰。菲律宾计划发展的10项竞争性行业中,技术人员的技能平均水平也不能达到既定的标准。③ 依靠职业教育解决社会边缘群体发展也意味着更多的财政资金需求,而菲律宾的国家经济增量并不足以支撑这些需求。

(三)国际教育标准的挑战

菲律宾将国际视野渗透到人才培养过程中,面向全球就业市场规划职业教育,推行职业教育国际认证,鼓励毕业生外向性就业。在菲律宾职业教育的专业设置中,制造业、农业、渔业等相关专业对应的是国内产业结构,家政和航海则瞄准国际劳动力市场,相关劳动力培养和输出为菲律宾换回大量外汇。然而,技能劳动力的国际化市场正对菲律宾职业教育

---

① 黄藾."一带一路"战略背景下菲律宾职业教育扶贫政策及启示[J].职业技术教育,2017(7):70-71.

② 沈红芳.菲律宾杜特尔特政府的政治经济改革研究[J].南洋问题研究,2018(3):77.

③ 吴秋晨,等.菲律宾职业教育发展的现状、挑战与趋势[J].中国职业技术教育,2019(15):84.

的质量提出挑战。尽管标准和体系与西方发达国家一脉相承，但菲律宾职业教育在与国际教育标准互通互认上却并不顺利。例如，菲律宾曾主导整个世界的海员供应，为了保持其海员培训在全球的领先地位，不得不努力寻求国内、国际标准的一致性。然而，2018 年菲律宾派出的海员人数较之前仍减少了近 11.2 万人，这其中固然有国际海员外派市场竞争加剧的背景，但菲律宾的海事教育、培训和认证体系难以达到或符合某些国际标准也是重要的原因。

第四章　印度尼西亚职业教育

印度尼西亚共和国(英语:Republic of Indonesia,以下简称"印尼"),首都雅加达(Jakarta),位于亚洲东南部,是世界上最大的群岛国家。印尼有300多个民族,大部分人口信仰宗教,其中信奉伊斯兰教和基督教的人口分别约占87.2%和6.9%,是世界上穆斯林人口最多的国家。①

印尼作为世界上最年轻的国家之一,人口红利巨大。据统计,目前印尼人口总数约为2.68亿,约占世界总人口的3.5%,居世界第四位。其中,从性别比例来看,男性人口约为1.35亿,占总人口的50.3%;从人口年龄分布来看,25岁以下的人口占比27%,处于工作年龄阶段(15—59岁)的人口占比67.5%。② 根据国际劳工组织发布的最新数据,印尼近五年来的劳动力参与率基本维持在68%左右,这反映出印尼劳动力就业在整体上比较充分。但是从性别来看,女性劳动力参与率约为53%,远远低于男性约82%的劳动力参与率。就失业情况而言,印尼人口总失业率约为4.3%,年轻男性与年轻女性人口的失业率都约为16%。(见表4-1)因此,如何解决面向青年和妇女两大群体的人力资本开发问题是印尼社会发展的关键所在,需要加强青年和妇女的职业技术教育与培训。

---

① Indonesia Information Portal. Indonesian Government[EB/OL]. https://indonesia.go.id/profil.2020-01-06.

② WorldBank.Population,Total[EB/OL].https://data.worldbank.org.cn/indicator/SP.POP.TOTL? end=2018&locations=ID&start=2012&view=chart.2020-01-06.

表 4-1　印尼劳动力与就业率相关数据(2014—2018)

单位:%

指标 \ 年份	2014	2015	2016	2017	2018
劳动力参与率	66.6	66.6	66.3	67.0	67.7
男性劳动力参与率	82.7	82.5	81.8	81.8	82.3
女性劳动力参与率	50.6	50.8	50.9	52.2	53.2
总失业人口比例	4.0	4.5	4.3	4.2	4.3
年轻男性失业人口比例	15.5	17.0	15.8	15.6	16.5
年轻女性失业人口比例	16.1	17.0	15.8	15.6	16.5

数据来源:ILO. Country Profiles[EB/OL]. https://www.ilo.org/ilostatcp/CPDesktop/? list=true&lang=en&country=IDN.2020-01-03.

近年来,作为东盟最大的经济体,印尼经济质量不断提升,在全球经济发展中呈现出越来越积极的趋势。世界银行公布的数据显示,印尼过去十年间国内生产总值年均增长率基本超过了5%,是亚太地区经济增长最快的国家之一。国际货币基金组织(IMF)的一项研究表明,到2030年,印尼经济增长率可达5.4%,印尼有望成为全球经济排名第六的国家。① 此外,印尼非常重视开展国际贸易,自2008年金融危机以来,进出口额都逐年攀升,主要贸易伙伴国为中国、日本、新加坡、美国等。

第一节　印尼职业教育政策与管理体制

一、职业教育立法与政策

就立法层面而言,基于1945年印尼《宪法》(Undang-Undang Dasar

① 驻印度尼西亚经商参处.印尼有机会进入世界第六大经济国家排名[EB/OL]. http://id.mofcom.gov.cn/article/jjxs/201907/20190702886240.shtml.2020-01-13.

Negara Republik Indonesia)中对于教育之于公民、社会的功能作用,印尼政府于 2003 年颁布了《国家教育制度》(Undang-Undang No.20 Tahun 2003 tentang Sistem Pendidikan Nasional),并将其作为开展全国教育工作的根本法案,对包括职业教育在内的各层次、类型的国民教育体系和制度保障做了阐释。同年颁布的《劳工法》(Undang-Undang N0.13 Tahun 2003 tentang Ketenagakerjaan)为国家职业培训体系提供了法律支持。2005 年颁布的《教师法》(Undang-Undang Tahun 2005 tentang Guru dan Dosen)则对包括职业教育在内的教育工作者之资质与管理等方面进行了规范。以上法案为印尼国家职业教育系统的发展构建了最根本的制度框架与法律保障。

就政策层面而言,近年来,受国家人口红利与经济转型升级的双重驱动,产生了数量庞大的技术技能人才需求,对此,印尼政府将发展职业教育作为国家优先战略予以重视,出台了一系列职业教育发展利好政策。2016 年,印尼总统佐科 · 维多多(Joko Widodo)签署了《高中职业教育振兴计划》(以下简称"SMK 振兴计划"),强调要充分发挥职业教育利益相关者之协同效应,通过优化基于市场需求的课程体系、提升教师规模和能力、完善国家职业资格框架等多项举措,振兴职业教育。在此基础上,印尼政府又在 2019 年相继发布优化布局与新建职业学校、改善教学空间、资助实践设备、资助重点专业发展、支持职业学校毕业生评估与认证工作等一系列政策文件,并配套专项资金,彰显了国家对发展职业教育的重大决心。此外,在 2005 年《国家教育标准》的基础之上,印尼政府于 2018 年专门制定并发布了《国家高中职业/伊斯兰学校职业教育标准》,详细规定了包括毕业生能力、教育过程、教育设施、教育评估、教育管理、经营成本和教育工作者等方面的教育标准,作为开展高中阶段学校职业教育实践的基本要求,为提升职业教育人才培养质量提供了制度保障。

二、职业教育管理

印尼职业教育由中央政府和各级行政区政府共同负责。首先,国家层面主要涉及教育与文化部、研究技术部、劳工部和国家教育标准机构四个部门,在 2016 年"SMK 振兴计划"中,印尼总统还特别指派工业部、农业部、交通部等其他八个部门协同参与，共同提升职业教育质量与竞争力。各行政区也都分别设立了不同级别的教育办公室，负责协调和执行地方一级的职业教育政策与任务。下面述及四个主要管理部门：

（一）教育与文化部（Kementerian Pendidikan dan Kebudayaan）

教育与文化部是印尼主管全国教育和文化事业的行政机构，直接对总统负责。下设秘书处、教师发展处等 12 个处室，主要负责国家幼儿教育、基础教育、中等教育、公共教育和文化事业的统筹与发展。包括制定相关领域的政策规划并协调各项任务的执行，提高教育工作者的质量和福利，为其内部各组织单位提供行政支持，为各地区的教育事业开展提供技术指导与监督，开展相关领域的开发和研究事宜等。其中，负责国家中等职业教育相关事宜的是中小学教育总局。①

（二）劳工部（Kementerian Ketenagakerjaan Republik Indonesia）

劳工部主要负责协助总统组织国家劳工领域的政府事务，包括在提升劳工竞争力和劳动生产率、增加劳工就业和扩大就业比例、提升劳资关系和员工社会保障、加强劳工督察和职业安全卫生等方面制定相关政策，协调任务的执行，为其内部各组织单位提供行政支持，执行关于劳工就业的规划、培训等事宜。在就业与培训方面，劳工部还负责国家非正规职业培训项目的开发与执行、就业信息发布等。截至目前，印尼劳工部管辖范围内共开办公立培训机构 322 所，私立培训机构 3755 所，社区培训机构 731 所。②

① Direktorat Sekolah Menengah Kejuruan Profil[EB/OL]. http://psmk.kemdikbud.go.id/.2020-01-13.

② Kementerian Ketenagakerjaan Republik Indonesia. Lembaga Pelatihan Kerja [EB/OL]. https://kelembagaan.kemnaker.go.id/?type=community&province=&city=&name=&page=1&limit=9.2020-01-14.

(三)研究技术部(Kementerian Riset dan Teknologi /Badan Riset dan Inovasi Nasional Republik Indonesia)

研究技术部(也称"国家研究与创新总局")主要负责协助总统组织国家研究、技术和高等教育领域的政府事务。包括为国家学习系统、高等教育机构及其基础设施、高等教育社会服务、各类研究机构及其技术设备等方面制定质量标准政策,加强研究创新与技术开发、熟练技术转化,加强科技审查,保护知识产权,为外国大学、研究机构、商业实体等在境内开展各类研究和开发活动提供书面许可,依照法律、法规的规定,对运用高风险、危险的科学技术进行研究活动和开发给予书面许可等。①

(四)国家教育标准机构(Badan Standar Nasional Pendidikan,BSNP)

国家教育标准机构是印尼独立设置的教育认证部门,直接对总统负责。主要负责国家统一考试(Ujian Nasional,UN)和基于国家资格框架(KKNI)制定教育标准,并对国家正规教育与非正规教育进行资格认证与质量评估的相关工作。为协调统筹各项认证工作,BSNP之下设有国家教育标准委员会、国家认证委员会等,成员由心理健康、教育评估、课程和教育管理等领域的专家组成。此外,根据行政区域与行业类别差异,其目前下设的具体的职业认证机构(LSP)共计1719个,执行基于相关标准的学校、学生认证工作。②

第二节 印尼职业教育与培训体系

根据印尼《宪法》和2003年《国家教育制度》的相关规定,印尼教育系统旨在通过开发学习者潜能,培养对真主忠诚和虔诚的、有高尚道德情操的、健康的、博学的、有能力的、有创造力的和独立的公民。其中,职业教

① Kementerian Riset dan Teknologi /Badan Riset dan Inovasi Nasional. Layanan Publik[EB/OL].https://www.ristekbrin.go.id/tugas-fungsi/.2020-01-15.

② BNSP.profil[EB/OL].https://bnsp.go.id/utama.2020-02-04.

育作为国家教育体系的重要类型，旨在为学生进入工作场域做准备，培养符合商业/行业需求的熟练技术工人和适应未来科技发展的技术创新人才。就办学形式来看，印尼职业教育系统包含正规教育、非正规教育和非正式教育三种类型，详见下图（图 4-1）。

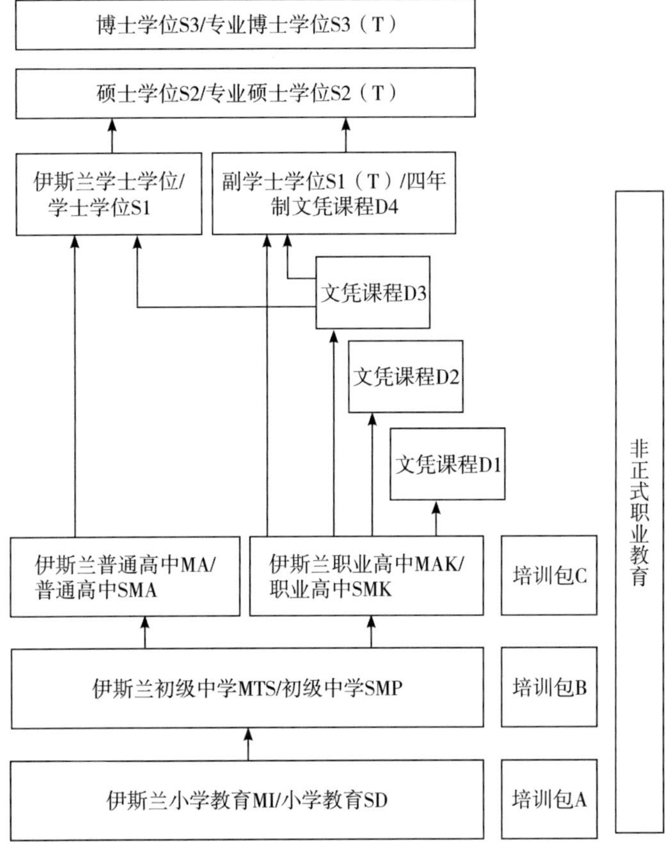

图 4-1 印尼职业教育系统

资料来源：依据印尼国家教育标准相关内容整理得出。

一、正规职业教育（Formal Pendidikan）

印尼正规职业教育主要包括两种类型：一是在教育与文化部管辖范围内的职业高中；二是由研究技术部管辖的职业文凭教育项目。

(一)职业高中(Sekolah Menengah Kejuruan,MAK/SMK)

印尼职业高中的教育对象是已经通过初中毕业考试或具备同等学力的学生,包括伊斯兰职业高中和职业高中两种类型,学制一般为 3 年,也有个别学校可以延长到第 4 年,为学生提供一年制的文凭课程。根据 2018 年政府颁布的《SMK 标准》,职业高中主要开设理实一体化课程,覆盖与职业岗位需求相对接的 9 大类 144 个专业类型。学生在第 2.5 个学期开始到企业实习,完成规定课程并通过国家期末考试后,可以获得国家中等教育证书。[①] 毕业后,学生大部分会直接进入劳动力市场谋职或自行创业,也可以进入高等学校继续学习副学士学位或文凭证书课程。

根据印尼教育与文化部公布的数据显示,无论从机构、学生还是教师数量来看,印尼高中教育阶段的职普比例大体相当。其中,就职业教育机构而言,私立机构数量占比较大,是公立学校的 2 倍有余。但大部分私立机构规模不大,培养学生总量稍多于公立学校(见表 4-2)。

表 4-2 印尼职业学校机构数与培养学生数

单位:人

学生规模	SMK 数量		合计	学生数量		合计
	公立	私立		公立	私立	
≤100	453	3993	4446	26615	210461	237076
101～200	564	2430	2994	81640	347833	429473
201～600	1158	3015	4173	427339	1024142	1451481
601～999	620	782	1402	483873	599072	1082945
≥1000	817	452	1269	1177724	641295	1819019
合计	3612	10672	14284	2197191	2822803	5019994

数据来源:Datapokok SMK. Statistik SMK[EB/OL].http://datapokok.ditpsmk.net/dashboard.2020-02-05.

(二)职业文凭教育(Diploma Pada Pendidikan Vokasi)

印尼没有专门的高等职业教育,但是有类似我国高等教育层次的职

---

① BSNP.Standar Nasional[EB/OL].https://bsnp-indonesia.org.2020-02-05.

业文凭教育，无论是普通高中还是职业高中毕业生，在通过国家考试后均可以继续攻读职业文凭教育课程。按照学习年限，该类教育有1～4年制四种形式，学生完成课程并通过考试可以获得相应的学历证书。其中，四年制学生则可以获得应用本科学位（Sarjana Sains Terapan Untuk）。每一级职业文凭教育毕业生可以直接就业，也可以继续攻读更高一层次的职业文凭教育课程。其中，三年级职业文凭教育毕业生可以继续攻读四年级职业文凭课程，也可以通过平等考试攻读普通本科教育课程。获得应用本科学位的毕业生也可以继续攻读专业硕士学位课程。实施职业文凭教育的机构有三类：一是理工学院（Politeknik），主要提供工程、技术或艺术等某一专门领域的教学，部分学院还会承担该领域的技术等级证书或学位颁发工作；二是高级学院（Sekolah Tinggi），主要提供部分学科的四年制副学士学位课程；三是附属于本科大学的职业技术学院（Institut），主要提供副学士学位和初级技术训练课程。①

二、非正规职业教育(Nonformal Pendidikan)

印尼2003年《国家教育制度》的规定："在终身教育框架下，为需要接受替代、补充或完善正规教育服务的学员提供非正规教育。"因此，印尼专门开发了与正规教育同等学力水平的非正规教育体系，旨在培养公民的生活技能、就业技能、职业态度、创新创业或者进入更高层次的正规教育系统继续深造的能力。具体有扫盲教育、平等教育、妇女赋权教育、职业技能教育等多种类型。其中职业教育项目主要涉及职业技能培训项目（Pendidikan Keterampilan dan Pelatihan Kerja）和平等教育（Pendidikan Kesetaraan）中的C级培训包（Paket C）。②

需要说明的是，职业技能培训项目主要是针对求职者和在职人员开展的就业技能培训，平等教育中的不同课程则分别相当于正规小学、初中

① Kementerian Pendidikan dan Kebudayaan. Pengelolaan Dan Penyelenggaraan Pendidikan [EB/OL]. https://kursus.kemdikbud.go.id/index.php/peraturan-pemerintah/. 2020-03-24.

② Kementerian Pendidikan dan Kebudayaan. Pengelolaan Dan Penyelenggaraan Pendidikan [EB/OL]. https://kursus.kemdikbud.go.id/index.php/peraturan-pemerintah/. 2020-03-24.

和高中学历层次的非正规教育项目(Paket A、Paket B、Paket C),其中包括相当于职业高中的C级职业培训包课程。该课程主要招收初中毕业生、B级培训包课程毕业生等,课程结业并通过培训包平等测试后,可以作为同等学力学生进入更高一层教育机构继续学习。就培训项目的类型来看,一是专门面向求职者开展的职业技能提升培训项目;二是通过非固定培训单位组织为偏远地区人群举办的培训项目;三是学徒培训项目;四是基于行业需求的订单培训项目。学员结束课程并通过考试取得证书后,可以继续深造,但大部分会选择直接就业。

此外,非正式教育(Informal Pendidikan)主要是指通过家庭教育或其他形式的自学进行的教育活动,形式灵活多样。印尼政府专门制定了面向该类学生的评估制度,一般来说,只要学生通过政府评估,就可以视作具备同等学力水平资格。

三、印尼职业教育质量保障

印尼政府高度重视职业教育的质量保障体系构建。一方面,国家标准机构联合教育与文化部、研究技术部和劳工部等多个部委共同研发了国家资格框架(Kerangka Kualifikasi Nasional Indonesia,KKNI),成为衔接职业教育人才培养与职业岗位能力需求的核心指导框架。基于此,国家教育标准机构又研发了与之相对应的职业教育标准,并不断加强基于标准的职业院校、毕业生资格认证,确保职业教育人才培养的质量。

(一)国家资格框架

印尼国家资格框架的制定主要基于2003年《国家教育制度》相关指示,并参考了澳大利亚、新西兰、美国、法国、日本等近十个国家的教育政策,于2011年正式发布,于2016年在政府各部委、各级各类教育、先前学历认证等领域全面落实。框架内共包含9个级别的能力标准,划分不同能力级别的指标主要包括科研(Science)、知识(Knowledge)、方法(Know-how)、技能(Skill)、情感(Affection)和能力(Competency)六个方面。对于符合不同级别能力标准的人群,无论其能力是通过正规教育、非正规教育、非正式教育,还是个人工作经验习得的,都可以通过专门的认证机构获得相应的技能等级证书(见图 4-2)。①

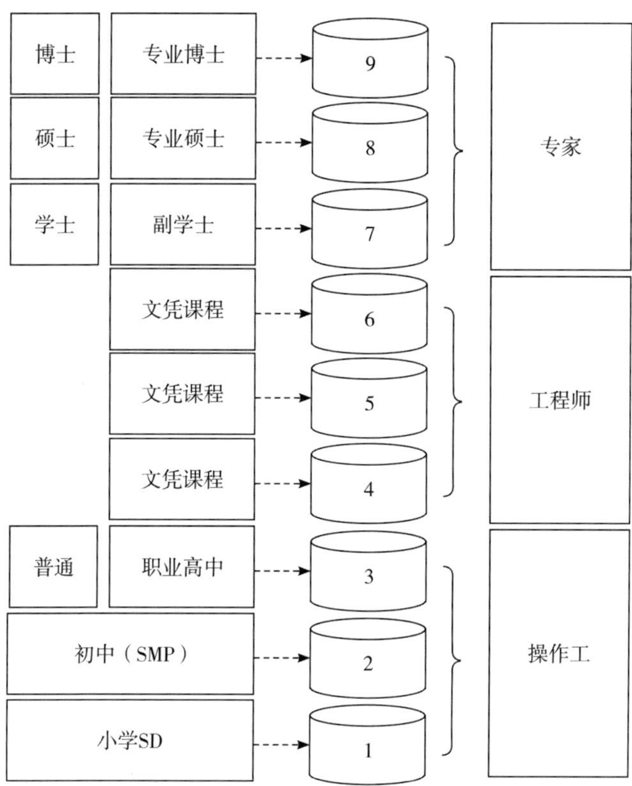

图 4-2 印尼国家资格框架示意图

资料来源:由印尼政府关于国家资格框架的相关规定整理得出。

(二)职业教育标准

为进一步推进 2016 年"SMK 振兴计划"相关任务、提升职业教育办学水平、缩小职业教育人才培养与行业企业需求之间的技能差距,印尼政府在《国家教育标准》基础之上,专门制定了《国家高中职业/伊斯兰学校职业教育标准》(以下简称《标准》),作为该层次职业学校办学实践的最低参考标准。具体如下②:

① Kementerian Pendidikan dan Kebudayaan. Peraturan Presiden Nomor 8 Tahun 2012 tentang Kerangka Kualifikasi Nasional Indonesia[EB/OL]. https://kursus.kemdikbud.go.id/index.php/peraturan-presiden-perpres/.2020-04-15.

② BSNP.Standar Nasional[EB/OL].https://bsnp-indonesia.org/.2020-02-05.

1. 毕业生能力资格标准(Standar Kompetensi Lulusan)

毕业生能力资格标准是指毕业生应达到的最低能力范围,包括知识、技能、态度等方面。结合国家资格框架(KKNI)相关要求,职业高中学历的毕业生能力要求可划分为通识能力和职业能力两类,前者包括对真主的信仰、爱国情怀、人格特质、人文素养、身心健康、创造力和美学鉴赏,后者包括技术能力和创新创业能力,两者共同构成了毕业生能力评价标准体系。根据不同岗位性质的差异,《标准》还详细规定了工程技术、能源采矿、信息技术、健康与公共管理、农业农业技术、工商管理、旅游和文化艺术等九个大类毕业生的能力子标准。该标准也成为各职业学校开发专业课程、教材等内容的主要参考依据。

2. 课程内容标准(Standar Isi)

课程内容标准是基于不同专业毕业生能力资格制定的课程内容要求,与毕业生能力资格标准相一致,同样是从九大类专业的维度,规定了不同领域学生学习的内容范围和技术要求,而且较毕业生能力资格标准更加详细和实用,是各职业教育机构确定教学材料和开展教育教学活动的主要参考。

3. 学习过程标准(Standar Proses Pembelajaran)

学习过程是学习者与教师、其他学习者和学习环境之间交互作用的过程,制定学习过程标准的目的是通过提升教育教学的有效性,以充分激发和挖掘学习者的兴趣和潜力,因此其也通常被当作职业高中制定教学计划、学习清单,开展学习评估等的重要参考。对此,《标准》强调职业教育教学要更加关注职业市场需求,注重应用性知识和技术技能的学习,善于利用教学工厂、模拟真实工作环境等开展实践教学,广泛吸纳有经验的企业老师参与教学,等等。此外,《标准》还从课堂教学全过程、实践教学、模块学习和校企双元育人四个方面规范了教师教学的基本原则和注意事项。

3. 教学评估标准(Standar Penilaian Pendidikan)

教学评估是教育活动开展的一个重要组成部分,通过对学习者学习结果的有效评估,不仅能充分了解学生的学习成绩、困难,还可以充当教育政策制定、教学改革等的重要参考凭据。《标准》所指的教学评估主要包括教师对学生的评估、教育认证机构对学生的评估、国家对学生的评估以及学生技能测试四种类型。其中教师对学生的评估主要是指教师在教育教学过程中对学生的日常测试等，在此不作赘述，下面主要述及后三种形式的评估。

(1)教育认证机构对学习者学习成绩的评估主要有学校统一考试、技能包测试(Ujian Paket Kompetensi，UPK)、先前学历认证(Rekognisi Pembelajaran Lampau，RPL)等形式。其中学校统一考试是由教育认证机构在教育最后阶段进行的，旨在了解毕业生能力水平；技能包测试是由教育认证机构联合行业/专业认证机构，以技能证书考试的形式进行的；先前学历认证是教育认证机构针对希望获取正规教育学习资格的非正规/非正式教育学生进行的评估与诊断。(2)国家对学习者的评估主要通过国家统一考试和职业技能测试(Uji Kompetensi Keahlian，UKK)等形式进行，一般由国家考试中心负责，每年1至2次，旨在了解学习者、学校以及地区的教育成效，为未来教育政策制定、教育教学改革等提供参考。(3)学生职业技能测试一般是由行业/企业伙伴一致认可的专业认证机构基于国家职业资格标准相关要求而开展的评估活动，通过测试的学生可以获取相应的技能等级证书。

4. 教师从业者标准(Standar Pendidik dan Tenaga Kependidikan)

师资是保障教育教学质量的关键因素。基于印尼2005年《教师法》的相关规定，职业高中教师聘用需在学术资格、职业技能证书和教育教学能力三个方面严格把关。因此，《标准》规范了普通教师、专业课教师以及职业指导教师的任职标准。首先，普通教师和专业课教师至少须获取学士学位/4年级文凭课程证书，并取得对应国家资格框架(KKNI)的4级教师资格证书。职业指导教师则须具备职业高中及以上的学历证书和3年及以上的行业内工作经验，也须取得国家认证机构颁发的职业指导员技能证书。教育教学方面，则主要强调要能够基于毕业生能力资格标准开展不同专业领域的学生教学、管理和评估工作，能够在宗教教育、法律遵循、社会规范、伦理道德、言行举止等方面体现师者风范，能够与学生、家长、社会进行有效沟通和协作，还要不断学习以充分把握各自专业领域的相关知识、技能和方法。

5. 基础设施建设标准(Standar Sarana dan Prasarana)

为有效实现职业教育教学目标，印尼的《标准》规定了各类职业教育机构不同专业类型在基础设施方面的最低标准，具体包括土地面积、建筑面积、教室空间、实验室空间、实训室空间等诸多方面。规定细化程度较高，譬如对教室门到走廊的距离、楼梯的灯光、设置插座的区域和间隔等，都列出了数字指标。这些标准通常被用于学校办学资质的审定与评估。

6. 教育管理标准(Standar Pengelolaan)

教育管理标准的制定主要是为了加强职业教育教学实践的过程监督，提升教育活动的有效性，具体包括教育规划、实施组织、分工协作、监督评估等环节。印尼对职业学校的管理主要采用校本管理制度(Manajemen Berbasis Sekolah/Madrasah，MBS/M)，鼓励学校充分调动自主办学的积极性，集聚有效办学资源，广泛吸纳地方政府、社区和行业企业等利益相关者参与到学校管理中，承担相应的教育社会责任。

7. 经营成本标准(Standar Biaya Operasi)

《标准》规定，印尼职业学校的运营成本包括人事成本和非人事成本两类。前者包括教育工作者的工资以及其他福利，主要由国家财政部统一发放；后者指日常教学活动开支，包括水电、基础设施、保险等等，由地方政府结合地方实际情况加以规范。

第三节 印尼职业教育发展的需求挑战与改革趋势

在经济结构转型背景下，印尼面临着诸多就业结构失衡的挑战，这对职业教育人才培养提出了更高的要求。但由于印尼职业教育发展起步较晚，尽管近年来印尼政府对职业教育给予高度关注与政策支持，仍旧面临诸多挑战，这也决定了未来职业教育改革的主要方向。

一、印尼劳动力市场需求分析

伴随着金融危机以来的工业化发展政策调整，印尼就业结构也发生了巨大变化。整体来看，印尼“三一二”就业结构特征显著，2008—2019年农业就业人口占比由41.1%大幅降低至30.3%，工业就业人口占比从18.3%快速扬升至2015年的22.0%后趋于平稳，服务业就业人口占比则从40.5%大幅提升至47.8%。[①] 根据人才结构偏离度公式(结构偏离度=GDP产业占比/产业人才占比－1)计算三次产业的结构偏离度系数(见表4-3)[②],发现第一产业偏离度系数全部为负值,且绝对值逐渐减小,说明该产业人才“供大于求”,但正在逐年缓解;第二产业则处于供不应求的人才紧缺状态,但得以不断补足;第三产业就业人口数量则相对适宜。再结合近年来印尼MP3EI、“全球海洋支点”等产业政策的核心内容,不难推断,其农业人口就业比重仍会继续萎缩,而工业就业人口较之服务业将以更高的速率继续攀升。

表4-3　2008—2018年印尼三次产业就业结构偏离度变动情况

年份	一产偏离度	二产偏离度	三产偏离度
2008	－0.65	1.61	－0.07
2009	－0.62	1.60	－0.10
2010	－0.64	1.29	0.03
2011	－0.64	1.20	－0.01
2012	－0.63	1.07	0.00
2013	－0.62	1.03	0.00
2014	－0.61	0.96	0.01
2015	－0.59	0.82	0.03
2016	－0.58	0.81	0.02
2017	－0.57	0.79	0.01
2018	－0.58	0.81	0.00

就业结构的快速转型也带来了一系列发展问题。一是人口红利大与就业不充分之间矛盾显著。印尼是世界第四大人口国家,且有半数以下人口处于30岁以下。但ILO统计数据显示,近五年来印尼劳动力参与率仅占67%左右,尤其是女性劳动力参与率仅占53%,与当地第二产业

① World Bank. Employment[EB/OL]. https://data.worldbank.org.cn/indicator/SL.IND.EMPL.ZS? end=2019&locations=ID&start=2008&view=chart.2020-01-08.

② 张宇洁,吴洁,肖晨帆,章昆明,刘亭亭.基于结构偏离度的新兴产业结构与人才结构互动关系研究[J].科技管理研究,2012(9):121-125.

人才紧缺的现状大相径庭。[①] 二是就业的流动性和性别差异显著。来自ADB的一项调研数据表明,印尼劳动工人的重新分配率超过了就业增长率[②],这不仅与经济结构转型的需求有关,也在一定程度上意味着员工的低技能水平和就业准入的低门槛。同时,女性就业率更是远低于男性,且在中层及以上就业群体中占比不足1/5。三是青年高失业率与技能不足和不匹配的问题。2018年,印尼青年劳动力参与率仅占46.3%,失业率却高达16.5%,其中未就业、未受教育或培训的青年人口占比高达21.7%。[③] 在ADB的一项技能匹配测试中,印尼有一半以上的员工不合格。[④]

就业结构的一系列失衡问题提升了社会各界对职业教育人才培养的重视程度,为印尼职业教育发展提供了巨大发展空间。但是,由于起步晚、底子弱,印尼职业教育发展也面临着诸多掣肘。

二、印尼职业教育发展困境

从近三年印尼劳动力调查数据来看(见图4-3),印尼就业群体学历层次整体水平不高,取得高等教育学历的雇员比例仅占1/10,而小学学历雇员占比高达40%。同时,来自普通教育与职业教育生源的占比差距也较大。高中层次普高学历雇员占比约17%,高于职高毕业生的11%;高中后职业教育文凭课程Ⅰ、Ⅱ、Ⅲ毕业的雇员数量占比不足3%,远远低

---

① ILO.Indonesia key Statistics[EB/OL].https://www.ilo.org/gateway/faces/home/ctryHome? locale=EN&countryCode=IDN&_adf.ctrl-state=7jfrbjgh2_9.2020-05-10.

② Emma R.Allen.Analysis of Trends and Challenges in the Indonesian Labor Market[EB/OL].https://www.adb.org/sites/default/files/publication/182935/ino-paper-16-2016.pdf.2020-05-15.

③ ILO.Indonesia Key Statistics[EB/OL].https://www.ilo.org/gateway/faces/home/ctryHome? locale=EN&countryCode=IDN&_adf.ctrl-state=7jfrbjgh2_9.2020-05-10.

④ Emma R.Allen.Analysis of Trends and Challenges in the Indonesian Labor Market[EB/OL].https://www.adb.org/sites/default/files/publication/182935/ino-paper-16-2016.pdf.2020-05-15.

于大学毕业生数量。[①] 由此,仅从人才培养规模上来看,印尼职业技能型人才培育明显不足,这可能也是造成印尼第二产业人才匮乏、囿于低技能水平导致的就业流动性大等现象的重要原因所在。

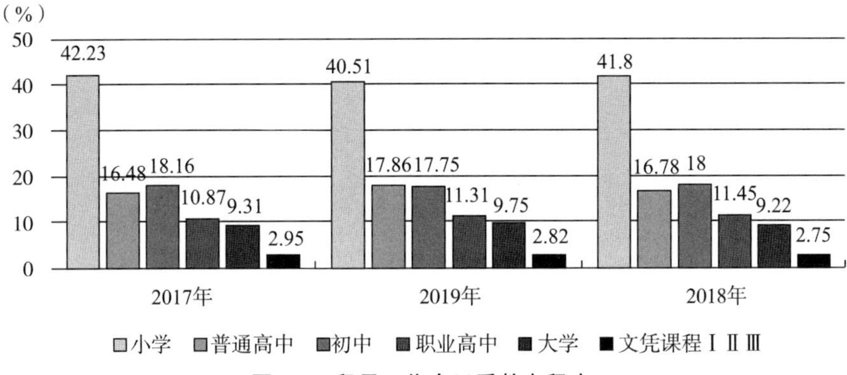

图 4-3 印尼工作人口受教育程度

其中,就职业教育人才培养情况来看,可以认为中等职业教育是印尼职业技能人才培养的中坚力量。笔者结合 2019 年 11 月份在东爪哇省所做的职业教育田野调查,认为近年来印尼政府发展职业教育的决心和政策支持力度均较大,尤其是将中职教育视为提升劳动力技能水平和减少失业率的重要抓手予以重视,相继出台了关于新建职业学校、学校基础设施建设、职业学校重点专业建设等一系列职业教育发展资助指导意见。但整体来看,中职教育人才培养质量仍不尽如人意。

根据 2018 年国家学校认证机构对中职学校的质量评估,有 41.3% 的中职学校办学资质不足,不符合国家教育标准中对办学基础设施、师资配备等方面的基本要求。[②] 首先,由于财政支持和企业参与力度较弱,大部分职业学校实际上不具备更换或增加设备的财力,这不利于教育教学的顺利开展。笔者在实地走访 3 所印尼泗水国立职业高中的过程中也发现,尽管当地教室内理实一体化的职业教育教学特色鲜明(划分了实验设

① Arie Wibowo Khurniawan, Gustriza Erda. Peluang Kerja Lulusan Smk Dalam Menghadapirevolusi Industri 4.0 Dan Bonus Demografi Tahun 2030[J]. Vocational Education Policy, White Paper. 2019, 1(19): 1-10.

② Arie Wibowo Khurniawan, Gustriza Erda. Peluang Kerja Lulusan Smk Dalam Menghadapirevolusi Industri 4.0 Dan Bonus Demografi Tahun 2030[J]. Vocational Education Policy, White Paper. 2019, 1(19): 1-10.

备区和集中授课区),但是大部分学校基础设施陈旧,教学设备数量非常有限,其中一所学校还需与周边学校共享数控机床设备,专业教师中青年居多,且基本没有企业相关工作经历。其次,当地职业学校校企合作水平不高,在企业参与职业学校人才培养方案、课程标准制定等方面进展较为滞后,尤其是近年来伴随经济转型产生的一些新兴岗位,往往在职业资格、技术标准等方面与学校人才培养缺乏有效对接。最后,职业教育师资质量有待提升。大部分职业学校教师并未达到国家规定的职业学校教师招聘条件,一方面体现为教师学历水平不足,部分专业课教师学历水平低于专科层次或者本科层次;另一方面体现为专业课老师缺乏企业实践经验,难以胜任职业教育课程教学。

三、印尼职业教育改革方向

近年来,印尼政府已充分认识并开始将发展职业教育作为人力资源开发的重要手段。通过出台的一系列职业教育发展利好政策,可以发现其当前时期职业教育改革主要体现在以下几个方面:

第一,继续扩大职业教育发展规模。面对巨大的人口红利,印尼政府高度重视通过职业教育培养合格的技术技能型人力资源,不断加大对职业教育的经费投入,尤其是与印尼政府当前规划的重点产业领域相关的专业类型。比如在 2016 年"SMK 振兴计划"中就明确提出要重点围绕旅游业、海事项目、粮食安全、创意产业、能源和建筑六个优先领域,加强职业教育尤其是中职教育的教育教学改革力度,提高职业学校毕业生的就业能力和竞争力。在 2019 年颁布的一系列政策文件中,也对职业教育新增办学点、加强重点专业内涵建设、加强毕业生资格认证等项目划拨了专项资金,以确保各项工作的顺利开展。

第二,加强需求导向的课程改革。由于印尼职业教育发展起步较晚,大部分学校仍然延续了普通教育办学模式,遵循传统学科课程组织逻辑,尚未能形成与劳动力市场相适应的项目化课程设计。因此,新时期的教育改革,更加注重课程内容与经济市场的对应衔接。近年来,根据印尼职业教育标准的相关要求,印尼职业教育正致力于建设"需求驱动课程",即以企业需求为导向,将真实工作岗位所需的关键知识与技能纳入课程内容,注重面向未来岗位的发展趋势。紧密职业学校与行业企业的协同关系，重视校企合作项目开发，并争取将企业技术人才引入学校担任兼职教师，共同参与职业教育课程内容的开发。此外，印尼工业部还开发了一个学校一个产品（One School One Product）项目，意在鼓励职业学校充分对接区域中小企业，以技术创新和专利开发为方向，开发具有地方特色的办学项目，从而更好地服务地方经济的发展。

第三，加强职业学校数字化发展水平。随着数字经济给现代职业岗位调整带来的巨大冲击，印尼政府开始高度重视职业教育网络技术领域的人才培养。一是不断加强对职业学校现代化信息通信技术设备的投入，希望借助信息化手段改进教育教学方式，提升职业学校毕业生的数字素养。二是将计算机相关专业作为职业学校重点发展领域，强调要适应国际社会信息化、智能化的发展趋势，将计算机与经济管理、创新创业等项目相结合，不断拓宽计算机专业的外延覆盖。此外，为了广泛关注偏远地区，尤其是经济不发达区域的学生，促进教育公平，印尼政府力求将发展远程教育作为教育改革的重要方向，通过信息化教学资源库建设，确保更多的孩子能够接受职业教育与培训。

第四，促进职业院校师资水平提升。职业院校教师，其面临的教学内容实践性更强，学生学习情况也更加复杂，这对教师教学能力、专业技术能力等都提出了更高的要求。因此，印尼政府将加强师资培训和教师资格认证作为提升师资水平的主要途径，并将其作为政府工作的优先事项予以重视。一方面，政府通过加强经费投入，提升教师薪资待遇水平，确保教师可以安心教学岗位，提升工作投入的专注度与严谨度。另一方面，印尼职业学校将引入企业兼职教师作为扩大师资规模和提升教师实践水平的重要举措，但是在兼职任教的形式规范、制度保障等方面仍需要进一步健全。此外，印尼政府组织老师积极参与国际援助师资培训项目，通过国际援助渠道，选派优秀教师到经济发展相对较好的国家学习职业教育政策管理、课程教学等方面的先进经验，借鉴他山之石为职业学校办学提供方向参考。

第五章 柬埔寨职业教育

柬埔寨教育体系包括普通教育,职业技术教育与培训和高等教育。普通教育由9年的基础教育和3年的高中教育构成。[①] 柬埔寨正规职业教育分别由教育、青年和体育部(Ministry of Education, Youth and Sport)以及劳动和职业培训部(Ministry of Labour and Vocational Training)两部门负责管理。其中劳动和职业培训部是职业教育的主要管理部门,该部下属39所职业教育机构。其中,职业学院(institute,提供从短期培训课程到硕士课程的职业教育机构)16所,省级培训中心(Provincial Training Center,PTC)/职业培训中心(Vocational Training Center,VTC)23所,培训中心主要提供从短期课程到文凭课程的培训内容。2017—2018年在校生数44806人,其中,职业学院27451人,培训中心17355人。柬埔寨各类职业教育机构的在校生数及区域分布见表5-1。职业教育发展受产业和就业政策影响较大,本章在梳理柬埔寨产业发展和就业政策的基础上,分析其职业教育改革和发展趋势。

表5-1 柬埔寨职业教育机构的在校生数及区域分布

	机构数量(所)	短期课程(Short Course)(人)	技术和职业证书1级(C1)(人)	技术和职业证书2级(C2)(人)	技术和职业证书3级(C3)(人)	高级文凭(Higher Diploma)(人)	学士学位(Bachelor)(人)	硕士学位(Master)(人)
全国	39	27135	2326	569	320	5638	8791	27
学院	16	11953	1512	426	239	4544	8750	27
省级培训中心/职业培训中心	23	15182	814	143	81	1094	41	/

① ADB. Policy Priorities for a More Responsive Technical and Vocational Education and Training System in Cambodia[EB/OL]. https://www.adb.org/sites/default/files/publication/217341/cambodia-tvet.pdf.2016-11-01.

续表

	机构数量（所）	短期课程（Short Course）（人）	技术和职业证书1级（C1）（人）	技术和职业证书2级（C2）（人）	技术和职业证书3级（C3）（人）	高级文凭（Higher Diploma）（人）	学士学位（Bachelor）（人）	硕士学位（Master）（人）
金边	8	841	596	188	81	3786	7973	27
其他省份 Provinces	31	26294	1730	381	239	1852	818	/

资料来源：Tvetmis Office，Department of Labour Market Information. Technical and Vocational Education and Training Statistics · Academic Year 2017—2018［R］. Phnom Penh，2019：2.

第一节　柬埔寨的工业发展及人力资源需求

一、柬埔寨产业发展概况

在1998年全国恢复和平与稳定后，柬埔寨开始实施积极开放和出口导向的政策，外国援助和直接投资（FDI）均显著增长，经济快速发展。1998年至2008年期间，尽管受到暴力政治冲突和1997年亚洲金融危机的影响，柬埔寨的经济仍实现了9.5%的平均GDP增长率。其中，工业部门增长最快，年均增长率为15.3%，服务业增长率为10.4%，农业部门仅为4.5%。尽管经济增长受到2008年全球金融危机的负面影响，但迅速恢复，2009年至2017年的GDP平均增长率约为7.0%。工业仍然是维持增长的主要领域，增长率为11.3%，其次是服务业和农业部门，分别为6.8%和2.1%。柬埔寨国内生产总值从2009年的约753美元增加到2017年的约1435美元，该国从世界银行界定的低收入国家转变为中低收入国家。

表 5-2 柬埔寨国内生产总值增长率(1993 年至 2017 年)①

	1993—1998	1998—2008	2008—2009	2009—2017
农、林、渔业	5.0%	4.5%	5.4%	2.1%
工业	12.1%	15.3%	−9.5%	11.3%
服务业	5.2%	10.4%	2.3%	6.8%
GDP 年均增长率	6.3%	9.5%	0.1%	7.0%

经济增长也带来了经济结构和劳动力市场格局的变化。图 5-1 显示了 1993 年至 2017 年每个经济部门的增长份额,可以看出,工业部门在国内生产总值中的份额几乎增加了两倍,而同期农业的份额显著下降。服务业在 GDP 中的份额基本保持平稳。

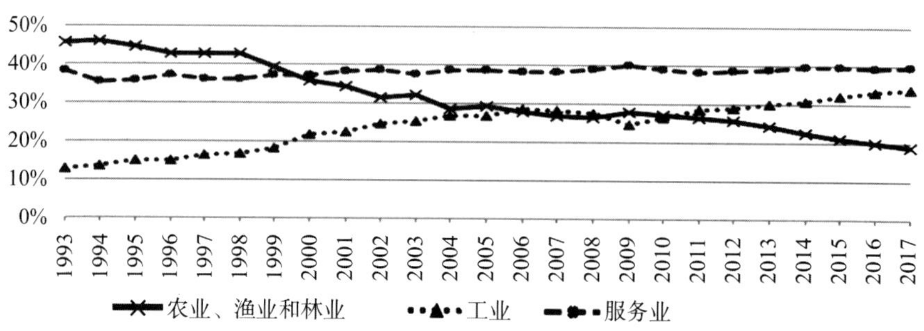

图 5-1 柬埔寨各经济部门增长情况

资料来源:National Employment Agency.Skills Shortages and Skills Gaps in the Cambodian Labour Market:Evidence from Employer Survey 2017[EB/OL]. http://www.nea.gov.kh/images/survay/ESNS%202017--Final--05282018. pdf.2018-05-01.

随着工业部门的发展,其吸纳就业的能力也在不断提升。根据柬埔寨社会经济调查数据,农业部门就业人数占总就业人数(15—64 岁)的比例从 1993 年的约 72.1%降至 2016 年的约 36.4%,而同期工业部门就业比例则从不到 5.0%增加到约 26.6%,以工业为基础的就业结构模式已

① National Employment Agency.Skills Shortages and Skills Gaps in the Cambodian Labour Market:Evidence from Employer Survey 2017[EB/OL]. http://www.nea.gov.kh/images/survay/ESNS%202017--Final--05282018. pdf.2018-05-01.

在柬埔寨逐渐形成。① 工业(第二产业)在柬埔寨经济发展和社会就业中发挥着越来越重要的作用。为推动工业部门快速发展,柬埔寨政府于2015年发布被称为“新经济增长战略”的《工业发展政策2015—2025》,重点强调推进经济多样化发展,增强工业竞争力,提高生产力,以推动国内经济结构转型,适应不断发展的全球或区域经济框架。

二、柬埔寨工业发展面临的问题

尽管近年来柬埔寨工业发展取得了较大的成就,但依然面临着行业领域较为单一、产业链不完整、企业发展历史较短、产品附加值较低等问题。

首先,行业领域较为单一,服装生产、建筑、食品和饮料加工等企业占比最大。2013年,服装业在工业部门的比重份额达42.4%,建筑业占30.1%,食品加工约占10%。在约51万家企业中,只有7万家属于制造业,其中45%从事食品和饮料加工,35%是服装和纺织企业。80%的大型工业企业主要从事服装、纺织品和鞋类的生产加工。② 制造业生产技术和设备相对落后。

其次,工业部门的产业链不完整,对大企业依赖严重。在工业部门中,97.3%的企业是微型企业,中小企业和大型企业占比分别为2.2%和0.6%。但在劳动力配置方面,大企业、微型企业和中小企业分别吸纳了63.3%、29.3%和7.4%的就业人口,产业结构和劳动力就业均过度依赖大企业。

再次,企业发展历史较短。目前在柬埔寨经营的企业中,近一半(42%)是自2008年以来建立的,即使可以追溯到2003年,新成立的企业

① National Employment Agency. Skills Shortages and Skills Gaps in the Cambodian Labour Market: Evidence from Employer Survey 2017[EB/OL]. http://www.nea.gov.kh/images/survay/ESNS%202017--Final--05282018.pdf.2018-05-01.

② Royal Government of Cambodia. Cambodia Industrial Development Policy 2015—2025[EB/OL]. http://www.mih.gov.kh/File/UploadedFiles/12_9_2016_4_29_43.pdf.2015-06-01.

数量也达到了68.39%。①

最后,产品的附加值较低。柬埔寨的工业还是以劳动密集型企业为主,例如,在服装和纺织工业中,大约60%的工厂生产主要为切割、制造和修剪,而其中只有四分之一从事下游生产,如刺绣、洗涤、包装和最终出口成品。多数企业主要从事技术使用水平普遍较低的食品加工和半成品生产,低生产率的过时技术还被大量采用,企业的竞争力普遍较低。

三、柬埔寨工业发展的愿景与目标

《工业发展政策2015—2025》提出到2025年柬埔寨工业发展的愿景:“推动产业结构从劳动密集型产业向技能驱动型、现代化产业结构转变,对接全球价值链,融入区域生产网络和发展集群。同时提高国内工业的生产力,加强竞争力,并向科技驱动型和知识型现代产业发展。”②

为实现上述愿景,《工业发展政策2015—2025》提出了相应的发展目标和指标。“政策的核心目标是应对结构性挑战,投资关键工业基础设施的软硬件建设,发挥柬埔寨工业的发展潜力和竞争优势。”③基于这一目标,该政策提出了“转变工业结构并加强其在国民经济中的地位”“提升产品多样性并扩大出口”“加强和促进中小企业发展”等三项具体指标,并设置了具体的绩效标准。首先,推动产业结构转型,将工业部门的国内生产总值比例从2013年的24.1%提高到2025年的30%,制造业从2013年的15.5%提高到2025年的20%。其次,增加出口多样性。到2025年,将加工农产品在所有出口产品中的比例提升至12%(2013年占比为7.9%),将非服装和鞋类(Non-garment and Footwear)产品出口比例提升至15%(2013年占比为1%),将服装和鞋类产品出口比例降至50%

① Royal Government of Cambodia. Cambodia Industrial Development Policy 2015—2025[EB/OL].http://www.mih.gov.kh/File/UploadedFiles/12_9_2016_4_29_43.pdf.2015-06-01.

② Royal Government of Cambodia. Cambodia Industrial Development Policy 2015—2025[EB/OL].http://www.mih.gov.kh/File/UploadedFiles/12_9_2016_4_29_43.pdf.2015-06-01.

③ Royal Government of Cambodia. Cambodia Industrial Development Policy 2015—2025[EB/OL].http://www.mih.gov.kh/File/UploadedFiles/12_9_2016_4_29_43.pdf.2015-06-01.

(2013年占比为77%)。最后,完善中小企业管理机制,推动大、中、小型企业正式注册登记,优化公司治理。到2025年,小企业注册率达80%(2010年为37%),中型企业注册率达95%(2010年为80%),大型企业注册率达100%(2010年为93%);50%的小企业、70%的中型企业、100%的大型企业拥有资产负债表(Balance Sheet)(2010年分别为4%、24%、66%)。

四、柬埔寨工业发展的主要策略

《工业发展政策2015—2025》设计了具体的政策框架以推动实现上述愿景和目标,具体包括四个方面的内容。首先,吸引外商直接投资、动员国内私人投资以促进产业发展,发展和扩大出口市场,促进技术开发和转让。其次,通过扩大和加强制造业基地建设推动企业正式注册和现代化改革,促进技术开发和转让,加强国内外企业与农业、工业部门之间的联系等措施,推动中小企业现代化发展。再次,通过改善投资环境、促进贸易便利化、提供市场信息、降低商业交易费用等措施改善企业经营环境,提高企业竞争力。最后,统筹协调人力资源开发、技能培训以及劳资关系改善等相关政策;根据《土地政策》和《国家土地管理政策》实施土地管理、城市化和土地使用规划;开展运输/物流系统和数字链接、电力和清洁水供应等基础设施以及公共服务、社会服务、金融服务等其他支持服务建设。

《工业发展政策2015—2025》确立了政策实施的范围。第一,通过鼓励外国直接投资和国内投资促进制造业和农产品加工业的发展,增强中小企业生产能力,推动产品出口和替代进口。第二,融入区域乃至全球生产网络,通过东盟经济共同体框架吸引外国直接投资来实现规模经济。第三,重新调整工业区的发展,以便有效向企业提供运输和物流服务、电力供应和其他配套基础设施等服务。第四,鼓励建立经济特区,促进经济走廊和工业园区的产业集群发展,重点发展工业信息技术集群、农业产业集群、制造/手工业集群等,推进产品跨境流通。第五,重点支持促进儿童营养、知识发展、民族认同、文化遗产建设,孤儿、残疾人、老年人救助,青年运动员体育器材生产等社会事业的企业。第六,支持以知识/现代技术为基础的产业,特别是相应的本土企业,为国家技术创新奠定基础。

《工业发展政策 2015—2025》确立了政策实施的优先部门。第一，产品附加值高、创意强和竞争力强、有能力打入新市场的新兴产业或制造企业。第二，各行业的中小企业，特别是从事药品和医疗器械、建筑材料、出口包装设备、家具、工业设备等生产的行业的中小企业。第三，面向出口市场和国内市场的农业产业。第四，农业、旅游业、纺织业和服务于区域生产链的各类支持产业，以及与全球市场或全球价值链相联系，为区域生产链服务的产业。第五，信息通信、能源、重工业、文化/历史/传统手工艺、绿色技术等服务领域和未来战略重点产业。

五、柬埔寨工业发展的人力资源需求

工业发展离不开大量的高素质工人、技术人员、工程师以及科学家等群体。缺少高素质工人、技术人员和工程师，在一定程度上阻碍了企业对现代科学技术的吸收和利用，降低了工业部门的国际竞争力。柬埔寨不得不雇用外国专家和工人以促进工业发展。因此，柬埔寨需要进一步开发人力资源，培养高素质工人、技术人员和工程师，以满足工业发展的需求。但整体而言，柬埔寨的技能培训仍然难以满足工业部门发展的需求。首先，柬埔寨基础教育学生辍学率较高，多数工人尚未完成 9 年学习，学习技术技能的基础较差。较低的劳动力教育水平也导致了生产力水平难以提高，使"柬埔寨工业陷入了劳动密集型和低生产率的行业模式"①。其次，职业教育的社会地位整体不高，学习和掌握技术技能在柬埔寨教育体系中尚未成为主流。最后，当前柬埔寨大量的劳动力从第一产业转向第二、三产业，劳动力市场已发生较大变化。培训基础教育水平较低的工人需要较长的时间，而职业教育体系的培训能力还难以满足当前的培训需求。

为进一步提升人力资源水平，满足工业部门发展的用工需求，《工业发展政策 2015—2025》在具体政策措施和行动方案中专门提出了技能和人力资源开发的举措。首先，加强基础教育。如降低初等教育辍学率，提高中学教育入学率，促进适龄人口至少完成 9 年的普通教育；加强数学、

① Royal Government of Cambodia. Cambodia Industrial Development Policy 2015—2025[EB/OL]. http://www.mih.gov.kh/File/UploadedFiles/12_9_2016_4_29_43.pdf.p10.2015-06-01.

科学、文学和技术方面的基础知识教育，提升中小学教育质量；建立基于测试的同等教育系统，为学生提供第二次完成中学教育的机会。其次，加强学校职业教育。如在正规和非正规教育系统优先建立技术中学，重点开展电力、电子、信息通信技术、计算机科学、机械、农产品加工和手工艺等领域的人才培养；在中等职业教育和高等教育中增加电气、电子、机械等领域的教育内容和技能训练；加强"软技能"教育，将解决问题能力、社会交流技巧、遵守工作纪律等职业素养融入课程。再次，加强基于工作场所的技能培训。如制定支持工业部门的技术和科学培训计划；实施基于激励措施的学徒计划，以鼓励企业加入；与日本、韩国、新加坡等国合作建立技能培训中心，加强包括软技能在内的技术技能培训，以满足私营部门的需求；扩大基于工作现场的培训规模，帮助工人掌握适应未来生产需求的技术和技能。最后，强化高等教育中的科学技术教育。如升级大学的实验设备，强化与农业科学和其他重要科学和工程相关的课程，提升相关领域的人才培养质量；建立竞争机制，加强对技术专家和工程师的选拔，推进技术创新。

第二节　柬埔寨的社会就业与人力资源需求

一、柬埔寨的劳动力就业现状

（一）柬埔寨的劳动力就业结构

柬埔寨是传统的农业国，工业基础薄弱，目前政府执行的"四角战略"（即农业、基础设施建设、私人经济、人力资源开发），很大程度上改变了原有的就业结构。

不同产业的就业结构。随着柬埔寨国内生产总值的不断增长，大量的劳动力在产业之间不断转移。自 2009 年以来，柬埔寨从事第一产业的人数逐年下降，从 2007 年的 57.7％下降到 2017 年的 37％；从事第二、三产业的人数在 10 年内逐步上升，由 2008 年的 41.1％上升到 2017 年的

63%(见表5-3和表5-4)。在柬埔寨首都金边和其他城市,从事第三产业的人数远高于从事第一、二产业的人数。而在农村从事第一产业的劳动力低于从事第二、三产业的劳动力之和(见表5-4)。

表5-3 柬埔寨2007—2013年不同产业劳动力就业率

年份	2007	2008	2009	2010	2011	2012	2013
就业人口(千人)	6828	7837	7469	7673	7890	7706	7951
第一产业(%)	57.7	58.9	57.6	54.2	55.8	51.0	48.7
第二产业(%)	14.9	14.6	15.9	16.2	16.9	18.6	19.9
第三产业(%)	27.4	26.5	26.5	29.6	27.3	30.4	31.5

资料来源:根据柬埔寨国家统计局发布的2007—2013年社会经济调查数据整理而得。

表5-4 2017年柬埔寨不同产业和地区就业率

部门(主要职业)	就业人数(人)				就业人数百分比(%)			
	柬埔寨	金边	其他城市	农村	柬埔寨	金边	其他城市	农村
就业人口	10416	1419	1345	7652	84.2	74.8	80.4	86.6
第一产业	3242	13	150	3079	37.0	1.2	13.9	46.5
第二产业	2300	267	229	1804	26.2	25.2	21.2	27.2
第三产业	3222	781	701	1740	36.8	73.6	64.9	26.3
合计	8764	1061	1080	6623	100	100	100	100

资料来源:根据柬埔寨国家统计局发布的2017年社会经济调查数据整理而得。

不同工作岗位的就业结构。在柬埔寨工人群体中熟练的农业、林业和渔业劳动力数量占比最多,但是近几年这一群体的人数正在逐渐减少,比例从2004年的58.1%下降到2017年的31%(见表5-5)①;从事服务和销售职业的女性是男性的两倍,2017年柬埔寨社会经济调查数据显示,从事“服务和销售工作”的女性约占24%,男性约占13%(见表5-6)。

① Asian Development Bank, International Labour Organization.Cambodia: Addressing the Skills Gap[EB/OL]. https://www.adb.org/sites/default/files/publication/176283/cambodia-addressing-skills-gap.pdf. 2015-05-15.

表 5-5 2004 年和 2007—2013 年柬埔寨主要工作岗位就业情况

年份 劳动力性别	女性劳动力 单位:百分比(%)								男性劳动力 单位:百分比(%)							
职业分类	2004	2007	2008	2009	2010	2011	2012	2013	2004	2007	2008	2009	2010	2011	2012	2013
农林渔业从业者	58.1	52.7	47.9	47.8	44.7	44.7	42.4	41.1	59.4	50.1	48.0	48.1	43.5	45.3	41.0	38.2
服务和销售人员	18.5	17.0	14.5	19.6	22.4	19.9	21.6	22.8	8.7	7.3	4.9	9.8	10.9	11.4	11.1	11.2
非技术工人	6.7	10.3	16.0	13.9	14.4	15.6	14.9	12.2	10.0	10.7	13.6	17.8	17.3	18.3	18.0	17.2
工艺相关工人	6.6	6.8	7.0	13.8	13.7	15.2	15.4	16.5	5.5	11.8	11.5	10.0	11.8	11.1	13.9	16.6
机器操作员和装配工	5.8	7.5	8.8	0.5	0.5	0.3	0.3	0.6	6.5	9.4	9.3	5.4	6.2	5.1	6.2	6.5
专业人士	2.7	2.5	2.6	2.0	2.0	1.8	2.3	3.0	4.9	3.5	4.0	3.1	3.5	2.5	2.8	2.9
管理者	0.5	0.5	0.3	0.2	0.2	0.2	0.4	0.6	2.1	1.2	1.3	0.8	0.9	0.9	1.0	1.2
技术人员和助理专业人员	0.5	1.1	1.0	0.5	0.5	0.5	0.5	0.7	0.8	2.9	3.4	1.2	1.2	1.0	1.4	1.1
文秘人员	0.2	1.5	1.8	1.5	1.6	1.7	2.1	2.2	0.2	2.3	3.1	2.4	3.2	2.9	3.0	3.7
武装部队人员	0.1	0.0	0.1	0.1	0.1	0.1	0.1	0.0	1.6	0.9	0.9	1.2	1.5	1.5	1.6	1.4

资料来源:根据柬埔寨国家统计局发布的 2004 年、2007—2013 年社会经济调查数据整理而得。

在所有工作岗位中,从事服务和销售工作的劳动力数量位居第二。技术人员、管理人员、装配工和机器操作员等从事技术含量较高工作的劳动力数量的占比低于从事手工艺、简单组装等技术含量较低工作的劳动力。这从侧面反映出在柬埔寨部分农村劳动力逐步向其他非农工作岗位转移,也反映出柬埔寨社会急需培养一大批高技能高素质的劳动力从事技术含量高的工作,促进整个社会劳动力由劳动密集型工作岗位向技术密集型工作岗位转移。

表 5-6　2017 年柬埔寨主要职业和性别(15—64 岁)就业劳动力情况

2017 年柬埔寨主要职业和性别(15—64 岁)劳动力数量(人)			
主要职业	女性劳动力数量	男性劳动力数量	柬埔寨劳动力数量
武装部队人员	3000	75000	78000
经理	16000	49000	66000
专业人员	155000	148000	303000
技术人员和助理专业人员	46000	81000	127000
文秘人员	176000	248000	424000
服务和销售人员	1008000	565000	1573000
农林渔业者	1391000	1279000	2670000
工艺相关工人	989000	1112000	2100000
机器操作员和装配工	22000	339000	362000
基本职业	477000	586000	1064000
合计	4283000	4483000	8766000
柬埔寨主要职业和性别(15—64 岁)劳动力就业百分比(%)			
武装部队人员	0.1	1.7	0.9
经理	0.4	1.1	0.7
专业人员	3.6	3.3	3.5
技术人员和助理专业人员	1.1	1.8	1.5
文秘人员	4.1	5.5	4.8
服务和销售人员	23.5	12.6	17.9
农林渔业工人	32.5	28.5	30.5
工艺相关工人	23.1	24.8	24.0
机器操作员和装配工	0.5	7.6	4.1
基本职业	11.1	13.1	12.1
合计	100	100	100

资料来源:根据柬埔寨国家统计局发布的 2017 年社会经济调查数据整理而得。

不同企业的就业结构。中小企业吸纳劳动力就业的能力有限，劳动保障条件较差。中小企业多是投资少、规模小、报酬低、灵活性强的家族性企业，主要从事商品的批发和零售、家庭手工业、维修服务等工作。此类企业一般不在政府部门登记注册，不与受雇劳动力签订劳动合同。调查结果表明，这些机构没有为工人提供适当的法律保护。调查数据显示，被调查的微型企业中超过60%的企业没有给员工提供深入培训和创新机会。

表5-7 柬埔寨不同企业劳动力就业人数所占全国总就业劳动力百分比(%)

批发和零售、维修等	57.96
制造业	14.08
住宿和餐饮服务	13.08
教育	1.94
管理和支持	1.19
人类健康和社会工作	0.96
信息和通信	0.93
电力、煤气、蒸汽和空调供应	0.91
金融与保险	0.71
其他	7.94
合计	100

资料来源：根据柬埔寨国家统计局发布的2011年经济普查数据整理而得。

不同性别的就业结构。2017年15—64岁适龄劳动人口就业率约为84%，其中女性劳动人口的就业率约为80%，男性约为89%。男性劳动力就业率一直高于女性劳动力的就业率。

(二)柬埔寨的劳动力就业质量

就业质量一般是指从业者与生产资料相结合以后，从业者所获得的报酬优劣情况。收入水平是衡量劳动力就业质量的重要指标之一。柬埔寨15—64岁适龄劳动人口就业率约为84%，其中女性约为80%，男性约为89%。但是就业的劳动力收入水平比较低，就2017年柬埔寨家庭负债率来看，约36%的柬埔寨家庭有负债(表5-8)，反映出家庭劳动力的收入较低，目前的工资水平难以维持家庭生活所需。

表 5-8　2013—2017 年柬埔寨的负债家庭情况

	2013 年	2014 年	2015 年	2016 年	2017 年
2013—2017 年柬埔寨负债家庭数(千户)					
柬埔寨	1080	1029	1255	1253	1221
金边	41	36	38	31	48
其他城市	85	105	113	137	116
其他农村地区	955	888	1,104	1,085	1,057
2013—2017 年柬埔寨各地区的负债家庭数量百分比(%)					
柬埔寨	34.2	31.6	37.9	37.0	35.5
金边	11.2	9.8	9.7	7.9	12.8
其他城市	25.6	28.7	31.4	37.4	31.2
其他农村地区	38.7	35.2	43.2	41.1	39.3

资料来源:根据柬埔寨国家统计局发布的 2017 年社会经济调查数据整理而得。

就工作环境来看,从事农业部门工作的劳动力经常性地接触杀虫剂,导致许多劳动力在工作中生病、晕眩、呕吐和皮肤烧伤;建筑业由于恶劣的天气和落后的建筑工具,容易使从业人员受伤;从事服务行业的劳动力经常性地上夜班已经引起柬埔寨劳动力部门的关注。

二、柬埔寨劳动力就业过程中面临的困境

(一)经济发展乏力

柬埔寨在过去的几年里,经济建设和发展取得了一定的成绩,人均国民收入持续增长,但是也面临着严重依靠国外资助,产业结构单一,基础设施落后严重阻碍旅游业的发展,重型大企业比较弱,国民经济构成比例不合理,产品的附加值低、可替代性强等经济发展的挑战。持续恶化的财政状况显示:自 2016 年开始,柬埔寨政府的财政赤字不断攀升。① 根据柬埔寨内阁于 2017 年 10 月通过的《2018 年度财政预算法》草案,2018 年

① 王文,刘典.柬埔寨:"一带一路"国际合作的新样板——关于柬埔寨经济与未来发展的实地调研报告[J].当代世界,2018(01):29-33.

柬埔寨政府支出将大幅增长 15.2%，达到 60.38 亿美元，而同期政府收入将只有 45.6 亿美元，财政赤字将再创新高。[①] 柬埔寨经济发展后续动力不足严重阻碍了经济的迅速扩张，不能更好地为众多劳动力提供更多的就业机会，出现众多劳动力人口毕业即失业的现状。

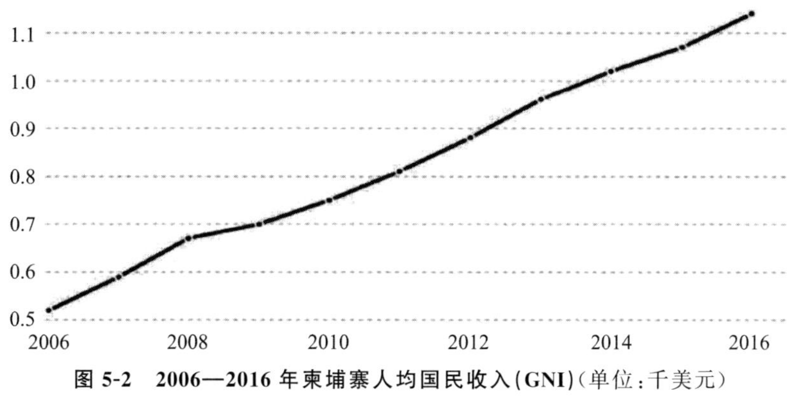

图 5-2　2006—2016 年柬埔寨人均国民收入(GNI)(单位：千美元)

数据来源：世界银行柬埔寨数据库。

(二)受教育程度低

内战严重影响柬埔寨教育的发展，虽然教育体系在过去 30 年里不断完善，但是劳动力受教育程度极其有限。受教育的高低程度直接影响着劳动力的就业状况。在东盟国家中，柬埔寨因贫困人口较多，严重影响到劳动力的识字率和读写能力，在整个东盟国家中几乎处于最低(见表 5-9)。近年来，虽然柬埔寨的入学率稳步上升，但是接受高中教育、完成高等教育的劳动力依然很少，劳动力受教育程度和技能均较低。从柬埔寨 2017 年各年龄阶段劳动力受教育水平数据来看，15—64 岁年龄阶段的劳动力中，大约 12%的人口“没有或只有一些教育”；15—19 岁年龄组情况较好，这一比例为 3%；而在 55—64 岁年龄组中，这一比例高达 22%；劳动力的受教育程度难以满足产业的需求。(见表 5-10)

① 王文，刘典.柬埔寨：“一带一路”国际合作的新样板——关于柬埔寨经济与未来发展的实地调研报告[J].当代世界，2018(01)：29-33.

表 5-9 东盟各国劳动力识字率和读写能力

国家	识字率和读写能力(%)	人均 GDP($)
文莱	95.4(2012 年)	40776
柬埔寨	73.9(2009 年)	1084
印度尼西亚	92.8(2011 年)	3515
老挝	72.7(2005 年)	1708
马来西亚	93.1(2010 年)	10830
缅甸	92.6(2012 年)	1198
菲律宾	95.4(2008 年)	2843
新加坡	96.4(2012 年)	56287
泰国	96.4(2010 年)	5561
越南	93.5(2009 年)	2052

资料来源:根据世界银行 2015 年 9 月世界发展指标数据整理而得。

表 5-10 柬埔寨 2017 年(15—64)岁各年龄阶段劳动力教育水平情况

年龄段	没有或只有一些教育	小学未完成	小学毕业	下二级完成	上二级完成	高等教育	合计
柬埔寨各年龄阶段劳动力人口数量(人)							
15—19 岁	28000	241000	390000	234000	53000	7000	954000
20—24 岁	70000	319000	429000	309000	218000	140000	1484000
25—34 岁	245000	698000	685000	409000	254000	299000	2,589000
35—44 岁	262000	567000	380000	192000	105000	82000	1,588000
45—54 岁	278000	585000	278000	152000	72000	34000	1,400000
55—64 岁	167000	369000	120000	63000	19000	13000	751000
总计(15—64)岁	1050000	2779000	2281000	1361000	722000	575000	8766000
其中 15—24 岁	98000	560000	819000	543000	271000	147000	2438000
柬埔寨各年龄阶段劳动力就业率(%)							
15—19 岁	3.0	25.3	40.9	24.6	5.6	0.7	100
20—24 岁	4.7	21.5	28.9	20.8	14.7	14.7	100
25—34 岁	9.4	26.9	26.5	15.8	9.8	31.3	100
35—44 岁	16.5	35.7	23.9	12.1	6.6	8.6	100

续表

年龄段	没有或只有一些教育	小学未完成	小学毕业	下二级完成	上二级完成	高等教育	合计
45—54 岁	19.9	41.8	19.8	10.9	5.1	3.5	100
55—64 岁	22.2	49.1	16.0	8.4	2.6	1.3	100
总计(15—64)岁	12.0	31.7	26.0	15.5	8.2	60.3	100
其中 15—24 岁	4.0	23.0	33.6	22.3	11.1	15.4	100

柬埔寨学校教育条件整体较弱，师资力量尤为不足。在红色高棉政权时期，大量师资受到迫害。进入重建阶段，尽管柬埔寨政府鼓励受过较好教育人从事教师工作，但师资力量依然严重短缺。根据 2015 年 9 月联合国教科文组织统计数据，柬埔寨小学的生师比达 46.9∶1，教师工作负担较重，影响了教育质量的提升。初、中高学校的高师生比问题同样突出，辍学率也相当高。[①] 由于受师资不足、资金缺乏、教学资源短缺等因素的影响，当前柬埔寨多数中小学、职业学校还在施行“半工半读”的教育制度，学生每天在校学习时间仅为半天，学校教育的质量和效率均较低。

（三）社会保障不健全

柬埔寨是亚洲最贫穷的国家之一，贫困人口约占总人口的 14%。调查数据显示：大多数受访者自称对自己的工作“非常满意”(80.2%)，但半数以上的受访者认为目前的工资不足以维持家庭生活(56.3%)。社会保障不健全的问题严重，如对建筑行业就业人员的调查显示：劳动力在工作中受伤得不到应有的治疗，在工作中学不到提升自身发展的行业技能；被调查者最想得到的是单位和国家医疗保险的支持，保障劳动力个人工作应有的合法权益。在中小型企业工作的员工对自己的工作前景表示“不满意”，其工作存在着工作时间长、没有加班工资、无健康保险、劳动合同不健全等问题。[②]

① UNESCO.Institute for Statistics Data Centre，Accessed September 2015[EB/OL].http://uis.unesco.org/.2019-12-15.

② International Labour Organization. My World of Work Cambodia Decent Work Country Programme 2015[R].http://www.ilo.org/wcmsp5/groups/public/---asia/---ro-bangkok/documents/genericdocument/wcms_533933.pdf. 2015-10-11.

第三节　柬埔寨职业教育改革与发展趋势

为了推进职业教育改革和发展，进一步满足产业发展需求，柬埔寨政府于2017年6月发布了《国家职业技术教育和培训政策2017—2025》，分析职业教育发展面临的问题和挑战，提出发展愿景和目标，并制订了详细的改革策略。

一、柬埔寨职业教育发展面临的挑战

《国家职业技术教育和培训政策2017—2025》分析了柬埔寨职业教育发展面临的挑战，包括未能有效满足市场需求、职业教育社会地位较低、职业教育投入不足等8个方面。

（一）职业教育的质量尚未完全满足劳动力市场的需求

柬埔寨职业教育面临教育教学设备不足、师资缺乏产业经验、教育教学方法陈旧、质量保障体系不完善等问题，人才培养难以满足劳动力市场需求。

（二）职业教育的社会地位较低

相比而言，社会大众更倾向于接受高等教育（大学），将职业教育视为贫困群体、边缘化群体接受的"二等教育"。同时，一些职业教育机构未能向学生提供良好的技术技能教育和职业指导，也强化了大众对这种社会地位的认知。

（三）职业教育财政资源投入不足

发展职业教育、培养培训符合产业发展需求的技术技能人才需要大量的资金投入，但柬埔寨政府对职业教育发展的投入严重不足，影响了职业教育发展。

(四)职业教育体系内部、职业教育和普通教育之间缺少沟通联系

尽管柬埔寨已建立起资格框架(CQF),但教育体系的沟通与衔接仍面临不少问题。普通教育与职业教育之间的联系有限;不同部委在涉及职业教育师资培训、学习内容分享等方面缺少联系;跨部委和相关非公共培训机构的技能衔接培训方案和认证没有得到广泛实施;利益相关者之间缺乏劳动力市场和职业技术教育与培训的信息共享。

(五)毕业生基础技能和软技能较弱

毕业生阅读、数学、计算、沟通能力、团队合作和解决问题的能力等基础技能较弱。企业认为,技术技能、沟通能力、团队合作能力、外语能力、客户关系技能是当前职业教育毕业生需要强化的技能。

(六)利益相关者参与有限

利益相关者参与不足,影响了职业教育的质量和效率,也给职业教育发展带来了诸如师资企业实践经验不足、培训项目低效、培训内容不符合技能标准等问题,人才培养难以满足劳动力市场需求。

(七)对职业教育受教育者的财力物力等支持不足

缺乏经济支持、职业指导等是青年教育的主要挑战,需要进一步改善宿舍、饮食等条件以及加强就业服务等措施,保障青年继续参加职业教育。

(八)职业教育体系中各部门协调不足

柬埔寨不同类型的职业教育机构分别由教育部、劳动和职业培训部等不同部门管理,部门之间的协调、资源整合面临较大问题,国家培训委员会(NTB)的协调作用至关重要。

二、柬埔寨职业教育的发展愿景和目标

《国家职业技术教育和培训政策 2017—2025》提出柬埔寨职业教育

未来发展愿景,要"改善人民的生活和尊严,并通过传授知识、强化能力和技能、塑造工作态度和职业道德、培养高生产率和终身就业能力来增强柬埔寨的劳动力和人力资源"。

基于这一愿景,《国家职业技术教育和培训政策 2017—2025》提出提高职业教育质量、增加接受职业教育机会、汇聚利益相关方资源以及改善职业教育治理四项发展目标。

(一)提高职业教育质量以满足国内和国际市场需求

包括继续开发和实施基于柬埔寨国家资格框架(CQF)的质量保证(QA)系统;提高培训者素质,改进教学方法和基础设施,增加学习资源,回应技术发展和劳动力的市场需求;在工业或经济区建立职教园区,最大限度地利用企业设备和培训师资。

(二)增加公平获得职业技术教育与培训的机会,促进就业

包括通过多种途径提高职业教育的入学率,为受教育者接受职业教育提供便捷服务;特别关注妇女、边缘化群体、贫困青年、辍学者、外来移民和土著居民的需求,扩大其获得生活技能的机会;基于柬埔寨国家资格框架标准加强职业教育机构建设;加强对职业教育的宣传,提高职业教育的社会认可度。

(三)促进公私合作伙伴关系(PPP)

通过 PPP 模式,汇聚利益相关方的资源,支持职业教育可持续发展。包括加强与职业教育系统中利益相关者的公私合作伙伴关系(PPP);根据市场需求开发培训课程,强化新技术和技能培训;完善利益协调机制,建立国家技能发展基金;完善职业教育学生收费政策,向贫困学生,特别是妇女和土著居民提供奖学金。

(四)改善职业教育系统的治理

包括加强职业技术教育与培训的监管框架,加强技能培训与劳动力市场需求的联系;完善职业教育机构的筹资机制;继续完善职业技术教育与培训管理信息系统和劳动力市场信息系统,加强劳动力市场预测分析和技能需求评估。

三、柬埔寨职业教育的发展途径和策略

当前柬埔寨职业教育发展面临社会地位较低、财政投入不足、职业教育体系中各部门沟通协调不畅等问题。为了实现上述愿景和目标，柬埔寨制定了明确的政策实施框架，建立起相关政府部门、社会利益相关者的沟通联系机制，以推动政策有效实施。具体而言，相关的政策框架和措施包括提高职业教育质量、增加公众接受职业教育的机会、促进职业教育领域的政府和社会资本合作以及改善职业技术教育与培训体系的治理等。

（一）提高职业教育质量，满足国内和国际市场需求

首先，继续完善和实施基于柬埔寨国家资格框架的质量保证系统。在国家政策方面，《国家职业技术教育和培训政策 2017—2025》（以下简称《政策》）提出，要通过制定法规，监督和评估国家资格框架的实施情况，促进框架的实施与工业发展的需求相一致；推进柬埔寨国家资格框架与东盟资格参考框架在职业教育部门之间的认可。在实施国家资格架构的同时，加强职业教育标准建设，加强对职业教育的监测和评估，以提高质量和服务的竞争力。在机构改革方面，《国家职业技术教育和培训政策 2017—2025》提出，要建立国家技能测试中心（NCST），以支持优先技能和职业；指定部委相关部门作为协调中心，协调所有职业教育机构实施和维护质量保证体系；向培训机构的官员和工作人员提供职业教育评估程序与认证要求的相关培训。在院校实施层面，《国家职业技术教育和培训政策 2017—2025》提出，要为职业教育机构、培训项目和课程制定认证标准、指南和可操作的认证程序等；制定并实施基于能力或学习结果的评估策略，加强对先前学习和当前能力的认证，并提供相应的文件或证书；制定普通教育和职业教育衔接的框架和标准，保障职业教育体系学生能够顺利进入高等教育体系学习；通过定期向利益相关者和毕业生提供在线调查问卷，评估职业教育的质量。

其次，提高师资队伍质量和教学水平，改善基础设施，丰富学习资源，应对技术发展和劳动力市场需求。《政策》提出，要出台规范职业教育教师教学法培训和行业技能提升培训的相关政策法规，提高教师的教育教学能力和实践技能。为职业教育师资队伍制定各级职业能力发展年度计

划,丰富职业教育师资培训课程和教学资源,提高教师培训机构的教学质量,为教师提供基于相关能力标准的培训。改善职业教育基础设施和基本资源,在职业教育机构之间建立资源共享机制。完善职业教育激励机制,吸引科学技术人员和优秀学生进入职业教育系统工作或学习。

最后,在工业或经济区建立职业教育园区,最大限度地利用企业设备和技术人员资源。《政策》提出,要研究并在工业和经济区建立职业教育园区;在利益相关者的参与下建立卓越中心,提高职业教育质量,对接劳动力市场需求。建立研究中心,加强对劳动力市场需求的研究。建立人力资源培训中心,加强对技术人员的培训。

(二)促进职业教育公平,创造就业机会

首先,为受教育者接受职业教育提供灵活的途径,提高职业教育的入学率。通过开发先前学习认证和现有学习能力认证系统,实施学券技能培训计划(Voucher Skills Training Program,VSTP)和技能桥接计划(Skills Bridging Program,SBP)等,扩大民众接受职业教育的机会。通过为参加职业教育的目标群体特别是女性、贫困青年、辍学者和土著居民等群体提供奖学金,为参加技能桥接计划的学员提供津贴,鼓励和支持职业教育毕业生通过参加小额信贷计划来实现自营职业等,加大对职业教育在奖学金方面的支持。通过制定和实施人力资源培训计划并在多个省市推广,激发在职人员参加职业技能培训的积极性等,扩大职业教育与培训项目的实施范围。

其次,对接国家资格框架,为所有职业教育培训机构人员和利益相关者提供职业培训。《政策》提出,开发远程学习、移动学习等项目,面向社区、培训机构、企业等人员开展在线培训;支持职业教育与培训机构对接国家标准开发培训项目,扩展劳动力培训;在国家和地区层面实施学生、技术人员、工程师、培训师和青年企业家的技能竞争机制,以提升技术技能水平。

最后,完善职业咨询服务,加强职业发展和技能提升指导。一是加大对职业教育的宣传,增强民众对职业教育的了解和接受度。如制订针对不同类型居民(村庄、社区)的宣传策略,吸引辍学者、贫困群体,特别是妇女和少数族裔群体,进入职业教育系统内学习。二是加强对受教育者的职业指导。如在职业教育机构内设立"一站式服务"窗口,提供职业技术

教育与培训信息，包括短期和长期培训课程、新技能课程、奖学金、学徒、实习、就业机会等信息和相关的技能培训课程。三是增加工业区和经济开发区“就业中心”数量，直接为求职者提供职业指导和职业技能方面的咨询。

（三）强化与利益相关者的战略合作，支持职业教育的可持续发展

首先，加强与职业教育系统利益相关者的合作。柬埔寨鼓励和推动政府与社会资本合作机制的实施，以确保职业教育项目能够满足劳动力市场的需求。加强职业教育机构与企业、行业组织等用人单位的合作，吸引行业企业参与职业教育，提升职业教育人才培养的针对性。

其次，根据劳动力市场需求开发培训课程，加强对新技术和现有技术的创新。《政策》提出，支持私营机构开发各级培训课程，成立各部门指导技能发展的技能委员会，根据市场需求制定紧缺岗位国际职业技能标准，加强对各部门培训计划的监督、跟踪和评估，将创业理念纳入支持自营职业的培训计划，审查并修订学徒制法律确保满足经济发展的现实需求，协调培训机构和行业之间的合作，将软技能融入职业教育课程，帮助学生做好自我就业准备。

再次，设立国家技能发展基金。目前柬埔寨制定技能发展政策，鼓励私营部门和利益相关者提供咨询、技能培训、财政捐助、课程开发投入，以及为学生提供在相关工厂、公司和机构实习的机会。柬埔寨政府已设立国家技能发展基金（NSDF），根据劳动力市场需求加强劳动力技能培训。

最后，鼓励公私立职业教育机构开展职业技能培训。允许公私立职业教育机构根据国家技能标准（NSS）收取技能培训费，同时政府向贫困生、女性职工、土著居民提供奖学金，为学生在职业教育机构学习提供贷款；鼓励发展伙伴（DPS）、非政府组织（NGO）、私营公司和捐助者向参加职业教育项目的贫困青年提供奖学金。鼓励职业教育机构与行业签订协议，为行业或机构提供培训项目。

（四）完善职业教育治理

首先，加强职业教育的监管，将技能培训与劳动力市场需求相结合。柬埔寨发挥国家培训委员会（NTB）秘书处的作用，与各职能部委、

机构和利益相关者协调，促进职业教育的发展。政府下放职业教育的管理权限，加快决策和问责，同时细化职业教育机构的角色和职责条例。加强各机构编制年度经营计划和政策，实施质量保证、监测和评价的责任和能力。

其次，完善职业教育经费筹措机制。政府加强对职业教育融资机制有效性的研究，提出经费筹措的有效策略；加强对公共职业教育机构的财务管理，确保财务管理透明化。

最后，继续完善职业教育体系管理信息系统（TVETMIS）和劳动力市场信息系统（LMIS），加强劳动力市场预测分析和技能考核。与利益相关者合作开发和维护职业教育体系管理信息系统，以便更好地收集与技能开发相关的信息。继续研究和开发劳动力市场管理信息系统，制定应对劳动力市场需求的培训计划。发挥行业技能委员会（SSC）作用，根据当地和国际的职业和技能类型，收集、分析和报告企业的信息和未来劳动力的需求；增加对技能培训计划的投入，开展技能培训需求评估，并制定职业清单，列出满足行业、雇主和社区需求的技能培训实施要求，提升职业教育的针对性。

第六章　越南职业教育

第一节　越南的教育结构与职业教育现况

越南的教育在历史上历经六个时期的发展，分别受到了中国、美国、法国、苏联这几个国家不同教育形态的影响。尤其在殖民时期，殖民者在殖民地创办教育，目的是灌输其文化思想，培养忠于殖民者的人才与人力，以便长期维持其殖民统治的地位，但对于被殖民地来说，从未开发到被启蒙，无疑直接促进了现代化教育的形成与发展，更进一步带动了经济的发展。在法国殖民时期，法国在越南当地教育方面，大举创办各级学校，包括小学、中学、大学等，其教育模式已经是较为现代化的教育形态，致使越南由传统的中国儒学思想教育逐渐往法国教育模式靠拢，受法国教育制度影响极深。在经济发展方面，法国引进大量西方模式，开办教堂、酒店、市场、剧院等极具现代化的场所，让越南的经济活动一度十分活络。

越南也深受中国文化影响，一直以来对于教育较为重视，也大力推行扫盲政策，2019 年人口普查的结果显示，15 岁及以上人口的识字率是 95.8%。尤其近年来因为开放改革需要，政府对于教育制度及内容进行了较大的变革，为确实提高大学教育水平，政府整合各大学院校成立河内国家大学，胡志明市国家大学及顺化、岘港、太原等区域大学，并规定自 1997 年起各大学入学考试增加外文项目，开放私人兴学，将普通中学改制为专科中学，其具体教育体制结构如图 6-1 所示。接下来将对越南现今的教育结构、教育年限与学制系统逐一进行简介。

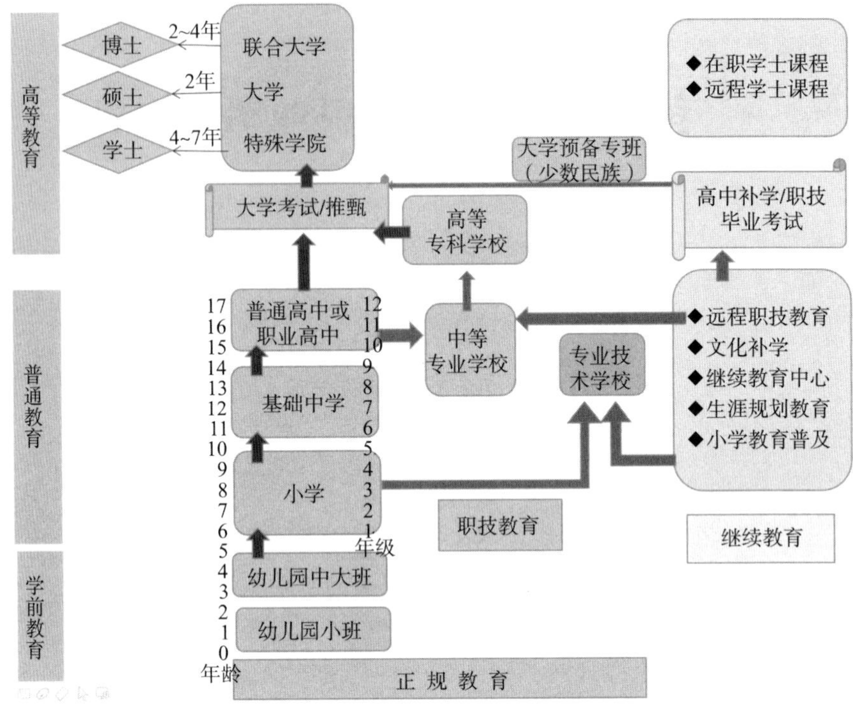

图 6-1 越南教育体制结构示意图

资料来源：黄氏玄妆.台越跨境高等教育发展之研究[D].高雄：中山大学硕士学位论文，2015：36.

一、越南的教育结构

（一）正规教育

指政府提供基础课程的教育系统，根据教育程度、培训水平和授证单位来设置授予教育文凭等级，并执行一定的教育计划来完成国家教育体系的建置，可分为学前教育、普通教育、职技教育、高等教育等四个阶段，分述如下：

1. 学前教育：0 岁至 6 岁，分别可以就读托儿所，幼儿园小、中、大班。

2. 普通教育：越南的普通教育从 6 岁一直到 18 岁，可分为两阶段。第一阶段是 6 岁至 15 岁的义务教育，分别为 6 岁至 11 岁共五年的国民小学、11 岁至 15 岁共四年的基础中学。第二阶段为 15 岁至 18 岁共三年的普通高中或职业高中教育。普通高中招生名额少，进不去的学生会进入门槛较低的民办职业高中就读，两者毕业后都需要通过大学考试或推荐甄试才有机会接受大学教育。

3. 职技教育：职技教育方面按学籍不同分阶段选择。第一阶段针对国民小学毕业的学生，没能就读基础中学的学生，可以选择报名学习专业技术学校所开办的一至三年的职业训练课程，完成后进入企业工作。第二阶段则是针对普通高中或职业高中的毕业生，其可以选择进入中等专业学校（中级）接受两年的职技中学教育，毕业后可以选择就业或是进入高等专科学校（高级）进行三年的职技训练，之后再选择就业或是经过考试进入大学。

4. 高等教育：根据越南教育部培养学位的层级设置，分为高等专科学校、大学（学院）、联合大学、研究所。高等专科学校修业年限为三年，毕业后可以通过参加大学入学考试进入一般大学就读。大学、学院、联合大学修业时间则是四至七年不等，如工程科系修业五年，医学修业七年。三者差异在于，大学分为公办与民办，一般是单独成立的高等教育机构，有国家层次与区域层次的差别。学院则是国家某一部门所设立的专科学院，专门用来培养国家需要的专业人才，如公安部员警学院、国防部军事技术学院。联合大学则是由国家主导，由众多大学与学院组成的大学，如胡志明市国家大学、河内国家大学。大学另设有硕士与博士等课程。学生大学毕业后可选择报考研究所，攻读硕、博士学位。根据越南教育部对于硕、博士的修业规定，硕士一般就读一年半至两年时间，博士则为三至四年。

（二）继续教育

是指有专业教育计划的灵活教育组织，通过灵活的实施计划、时间、方法、地点，来满足学习者终身学习需求的形式，可分为普通教育与高等教育两部分。

1. 普通教育：除了正规教育体制外，越南还有另外一种教育体制——继续教育体制。政府提供继续教育是为了让偏远地区居民或缺乏学习条件的学生，有机会提高知识、技能，进而改善家庭生活质量，同时通过继续教育进一步提升劳动者的就业、职业能力，最后还可以实现政府的扫盲目标，因此近年来越南政府越来越重视继续教育。继续教育项目包

含小学教育普及、生涯规划教育、继续教育中心知识、文化补学、技能补足、远程职技教育等课程。继续教育体系与正规教育体系是打通的,继续教育体系毕业生若有意愿进入正规教育体系,需要先通过高中补学考试,然后参加职技毕业考试,通过后就可以报考正规教育体系的大学。近年来越南教育部着重增强继续教育与正规教育的紧密连结性与连贯性,发展出更多样的学习方式,希望通过灵活的教育体制,培养学生的自学能力,促进知识化社会的形成、达成培养民众终生学习的目标。

2. 高等教育:在高等教育部分,继续教育一样起到相当重要的作用,针对高等专科学校或攻读大学学士学位的在职学生,另外开设在职学士课程或远程学士课程,由各个高等教育机构单独或合作开设。修读时间根据教育部的文件规定,在职学士课程要比正规高等教育体制延长至少半年至一年;远程学士课程则更具体地规定其修业年限,针对高等专科毕业生的为二至四年,针对普通中学或职技教育毕业生的为五至七年,远程高等专科修业年限为四至五年,课程内容基本与正规高等教育课程保持一致。

二、越南职业教育的发展

越南的职业教育,自法国殖民时期就已展开。法国为了维持殖民政府的正常运作,在学术教育机构下设立分支机构,运用职业教育的训练方式,培养为殖民政府工作的人员。[①] 1945 年越南民主共和国成立后,以大众化、民族化、科学化等三项原则为抓手,以服务国家与实现民族理想为目标,大力进行教育改革。在职业教育方面,将其分为基础级与专业级两种类型,基础级又分为一年的短期职业训练和 1～3 年的职业技艺教学班,优秀的学生可以申请就读专业级先修学程班,为进入专业级学校做准备。专业级学校的职业训练时间在 3 年以上,学生毕业后可直接领取技师证书,此模式成为后来越南职业教育分类的源头。

1955 年南越政权成立,其为亲美政权,在美国扶植下,法式教育影响逐渐式微,转变为美式教育的形态。受到美式教育影响的南越,成立教育部专管全国教育,使得初级、中级、高级、职业教育都获得了迅速的发展,

① 林文树.越南职技教育之制度及政策研究[R].台湾教育研究院,2012:4.

并且设立了职业教育委员会，专门负责训练培育工业技术人才。这个时期的中等职业技术学校，将学生的培育目标与训练课程分为两个阶段。第一阶段课程（6—7 年级）着重在引导，目标在于发现学生的能力；第二阶段课程（8—12 年级）着重在职业训练，目标是发展学生的能力。两个阶段课程修业时间合计 6 年，毕业后学生可取得专业文凭。[①]

1975 年北方统一全国成立越南社会主义共和国后，全国的学校都纳入了社会主义的教育系统，职业教育制度也进行了调整改革。一方面，面向初中、高中毕业生，依照其职业需求，进行 1～3 年的职业训练；另一方面，面向农民工等劳动人口，提供 1 年以下的基础技艺训练。同时依据 1981 年的 126 号文件，在高中阶段扩大农、工、劳动人口的职业教育规模，在全国建设了 66 所半高中半职训的职业高中。

1986 年后，越南的经济体制有了重大的改变，越南从 1945 年开始一直都是中央集权管理的经济体制，1986 年实行改革开放，采用以市场为导向的经济体制[②]，国家整体经济体制的转变，不仅使经济市场改变了，国家政策、人力资源结构、教育体制、职业结构也受到巨大影响，这时期的职业教育发展受到市场急速发展的影响主要有下列三方面：(1)职业教育训练出来的人力资源需要具备足够的能力以因应市场的劳动需求。(2)职业训练机构类型开始多样化，除了公办机构、民办机构以及国外投资成立的训练机构外，官方也鼓励社会企业参与职业训练教育，直接投资培养企业需要用的人才。这一影响相当深远，一直到现在越南政府都不断地鼓励企业投资职业教育机构。(3)制定国家职业训练目标为富民、强国，并开始重视妇女及弱势群体的职业训练项目。

革新后的越南职业教育机构蓬勃发展，1980 年，职业教育机构的数量为 366 所，到了 2001—2005 年，已经有 236 所职业学校、404 所职业训练中心以及 1000 多个教育机构；到 2011 年，有 136 所职技学院、308 所中等职业训练学校、849 所职业训练中心以及 1000 多个教育机构。[③] 截至 2018 年 12 月，越南的职业培训机构遍布全国，有 1948 个职业培训机构，

---

① 林文树.越南职技教育之制度及政策研究[R].台湾教育研究院，2012：5.

② 黄俊明.中国与越南财政管理体系比较分析[D].昆明：云南财经大学硕士学位论文，2012：31.

③ 林志忠.越南职技教育现况与未来之发展[J].教育资料集刊，2010(47)：107-133.

包括397所职技学院、519所中等职业训练学校、1032所职业训练中心。职业教育机构体系一方面为有志向和有职业培训需求的人创造了有利的机会,另一方面为经济发展提供了大量优质的人力资源。这些职业教育机构通过与企业在招生、培训方面的合作,很好地完成了与劳动力市场的挂钩,并为在校学生及毕业生创造就业机会。平均而言,2018年在所有就业毕业生中大学和中学毕业生的就业比例达到85%左右,其中大学毕业生就业比例达到87%,中学毕业生就业比例达到82%。大学毕业生平均起薪为256美元/月,中学毕业生也可达到233美元/月。有些职业种类工资相当高,一些工作岗位研究生的工资可以高达427至640美元/月。

为了满足未来越南经济发展对人力资源的需求,职业培训机构系统正积极实施培训计划,为工人提供职业技能培训,来提高他们的技能以配合国家整体经济结构的转型。越南的劳动力正快速地由农业转向工业和服务业,因应国家经济社会的需要,越南的职业教育积极转型,职业培训机构强调教育方法多样化;加强培训,促进实践,与企业合作建立实践项目;开发开放式教育系统,以及和终身学习相关的在线培训;鼓励通过积累模块和学分的方式组织培训管理。通过这些培训计划优先培训和再培训相关人力资源,以满足工业4.0时代的要求。

三、越南职业教育体系管理

根据2012年6月19日颁行的《2011—2020年教育发展战略》所提出的标准化、现代化、社会化、民主化和国际化等目标,越南政府对越南教育进行全面、根本的教育革新。另外《2011—2020年经济—社会发展战略》也指明了前进的方向:"改进和提高人才质量,尤其是培养高质量人才是突破性战略之一。"这两份文件明确地指出了人才的质量是影响经济成长的关键,而其中,如何重点推展职业教育,培养更多具备专业能力的劳动力以因应市场需求,是急需解决的问题。

越南的职业教育主管体系自1990年开始,主要分为两大部门①,其中职业技术教育归教育培训部(Ministry of Education and Training, MOET)主管,下设中等职业与技术教育司专门负责。教育培训部除了管

---

① 林文树.越南职技教育之制度及政策研究[R].台湾教育研究院,2012:10.

理职业技术教育外，也负责管理高等教育、普通教育和学前教育。另一部分职业培训则是由职业培训总局(General Department of Vocational Training，GDVT)负责[①]，原本职业培训总局隶属于教育培训部，但出于职业教育改革的需要，在1998年自教育培训部门分离出去，改归劳动、荣军和社会部(Ministry of Labour，Invalids and Social Affairs，MoLISA)主管，故由该部负责职业培训的相关事务。2014年越南政府颁布了《职业教育法》，2015年颁布《政府组织法》，明确由MoLISA承担政府对国家职业教育管理的责任，教育培训部不再负责职业技术教育事务，其组织架构如图6-2所示。

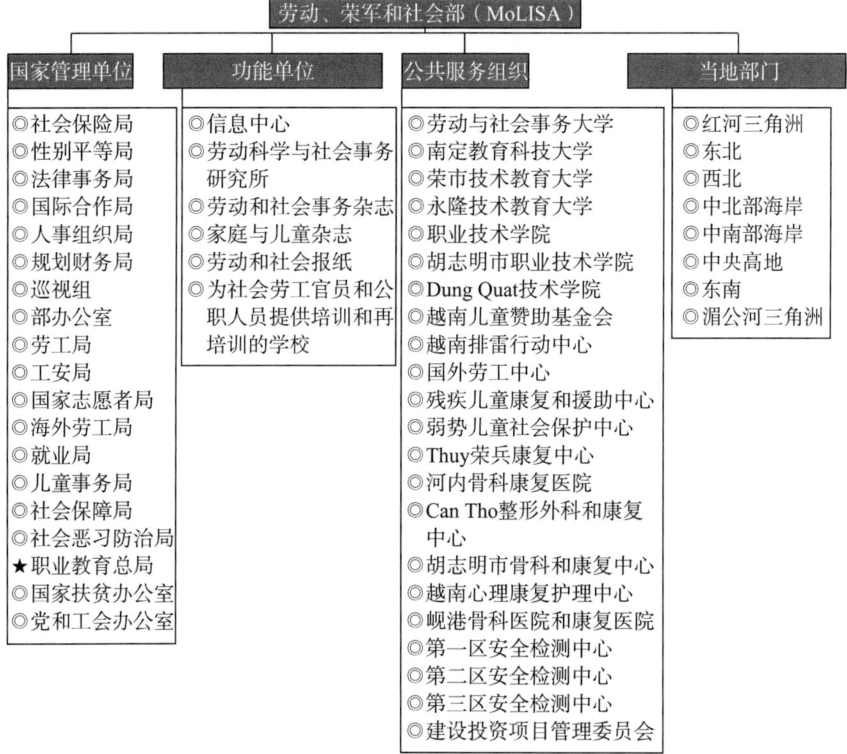

图6-2 劳动、荣军和社会部组织架构图

资料来源：Organizational Structure of Ministry of Labour-Invalids and Social Affairs[EB/OL]. http://english.molisa.gov.vn/Pages/About/Organizational.aspx. 2019-12-10.

① 邵健，徐秋萍.越南职业教育发展的历史考察[J].职教通讯，2017(10)：57-59.

根据《职业教育法》[①]的规定，越南允许外商参与职业教育机构的设立、划分、取得、解散和更名，也允许外商参与中学和大学建校与停招。MoLISA根据《职业教育法》的规定，对国家的职业教育进行统一管理，具体权责内容要点如下：

制定并发布重要学科清单、入学困难但社会需要的学科名录，规定学生在中学和大学毕业后必须满足的知识要求，设置满足社会经济发展要求以及国防和安全要求的培训和特殊专业学科。

除此之外，还包括：

1. 管理越南的国家职业教育资格水平框架，并负责与东盟和其他国家的资格框架进行比较。

2. 规范职业教育培训所需的文件，规定研究生学位和证书的形式，以及拟定各级职业培训资格证书的管理规定，开发和管理用于发布职业教育资格和证书的在线数据库系统。

3. 提供定期的职业培训，包含提高职业技能的培训、提供知识更新的培训，以及提高农村人口、工人职业能力的职业培训。

4. 制订职业教育机构负责人必须遵循的标准、职业教育工作者需要遵循的专业标准和工作规定、针对职业教育者和职业教育行政官员的专业培训计划，为职业教育的公职人员提供专业晋升考试，为职业教育工作者提供奖励和荣誉称号。

5. 发布关于职业院校课程中学生教育、知识和技能互补整合的法规，提供有关奖学金政策、职业咨询和职业指导的指南，并为学生的职业生涯提供支持。

6. 制定有关签发、重发和吊销"职业教育资格证书"的要求、程序和权限的规定，制定有关组织认可规范、标准、过程与期限的职责和权利的法规，制定发展职业机构的质量保证标准，建立职业教育质量保证机制，制定并提供国家职业教育质量保证框架，以保障国家职业教育质量。与相关部委合作提供与指导职业教育相关的信息应用技术证书与同等学历证书的培训和发放。

7. 向学生宣导关于职业教育的法律，开展传播信息、应用科学技术、

---

① 越南国家数据库.第15/2019/ND-CP号文件[RB/OL].http://vbpl.vn/pages/portal.aspx.2020-01-30.

生产和贸易职业教育服务的相关研究。

8. 指导与检查非政府协会和组织所举办的有关职业教育的活动。

9. 管理并寻求职业教育方面的国际合作。

10. 组织各级教学与技能竞赛并提供指导，组织参加地区和国际技能竞赛。

11. 审查《职业教育法》的执行情况，解决投诉和处理违反职业法律的行为。

越南的《职业教育法》已经对职业教育管理单位有了明确的划分，也对 MoLISA 的任务和权力有所规范，但因教育培训部长期管理中等、高等职业学校的工作，虽然现在这些学校已经不归其管理，可两单位的任务交接尚未完结，各类学校、机构在建立前未有统一的规划，管理单位单一且没有一致性的管理体制，致使各学校、机构间可能发生相互排挤招生空间的现象，不但未能有效地让职业教育更加发展，反而使得人们对于职业教育更加排斥。

四、越南职业教育教师队伍建设

越南职业教育师资队伍的来源是比较多元的，因为职业教育相较地位不高，再加上并无专责行政机关对口管理，所以愿意到职业教育机构任教的人并不多，因此必须开放招收各方人才。目前职业教育师资队伍的来源主要有下列几个方面[①]：

1.普通大学、师范学校的毕业生，以及少部分的硕、博士。

2.技术大学、技术师范学校的毕业生。

3.高职、中职毕业后的留校助教，但正式任教前必须取得大学本科文凭。

4.企业技术人员转职教师。

5.聘请行业技术能手、精益工匠等担任专、兼职教师。

---

① 阮英青云，陈永芳.越南职教师资队伍建设存在的问题与对策[J].国外职业教育.2012(2):12-14.

根据越南统计总局针对职业教育教师专业资格的统计①(见表 6-1),2016 年的职业教育教师人数有 67686 人,男性教师 47896 人,女性教师 19790 人。学历达研究生层次的有 15934 人,其中公办学校 10643 人,民办学校 5291 人;大学和学院层次的有 36565 人,其中公办学校 24895 人,民办学校 11670 人;其他层次的 15187 人,其中公开的有 6039 人,未公开的有 9148 人。到了 2017 年,因为职业教育机构的激增,职业教育教师的人数有了大量的增长,达到 86350 人,其中男性教师 56686 人,女性教师 29664 人。学历达研究生层次的有 25369 人,其中公办学校 18926 人,民办学校 6443 人;大学和学院层次的有 49905 人,其中公办学校 34509 人,民办学校 15396 人;其他层次的则有 11076 人,其中公开的有 4945 人,未公开的有 6131 人。2018 年在师资人数上并未增加太多,教师人数为 86910 人,其中男性教师约 56200 人,女性教师约 30700 人。学历达研究生层次的有 27550 人,其中公办学校 20940 人,民办学校 6610 人;大学和学院层次的有 52275 人,其中公办学校 34845 人,民办学校 17430 人;其他层次的则有 7085 人,其中公开的有 3010 人,未公开的有 4075 人。从这些数据中可以发现,职业教育师资团队的学历水平正在大力提高当中,研究生层次的比例从 2016 年的 23.54%上升到 2018 年的 31.7%,大学和学院层次的比例从 54.02%上升到 60.15%,而其他层次的人数则由 22.44%下降到 8.15%。

表 6-1 按专业资格划分的职业教育教师人数

单位:人

人数 \ 年份	2016 年	2017 年	2018 年
男性教师大约人数	47896	56686	56200
女性教师大约人数	19790	29664	30700
研究生层次合计	15934	25369	27550
公办学校研究生层次	10643	18926	20940
民办学校研究生层次	5291	6443	6610

① General Statistics Office of Vietnam. Number of Teachers of Vocational Education by Vocational Qualification[DB/OL]. http://www.gso.gov.vn/default_en.aspx? tabid=782.2020-02-11.

续表

年份 人数	2016 年	2017 年	2018 年
大学和学院层次合计	36565	49905	52275
公办大学和学院层次	24895	34509	34845
民办大学和学院层次	11670	15396	17430
其他层次合计	15187	11076	7085
公开	6039	4945	3010
非公开	9148	6131	4075
总计	67686	86350	86910

在职业教育机构的数量方面①如表 6-2 所示，2016 年越南全国共有 2697 所，其中公办 1465 所，民办 1232 所，毕业人数约有 1479400 人。2017 年职业教育机构数量一下增加了 300 多所，总数为 3006 所，其中公办 1574 所，民办 1432 所，毕业人数约 1984000 人。2018 年机构数量略有减少，共有 2957 所，其中公办 1299 所，民办 1658 所，毕业人数约 2100000 人。

表 6-2 职业教育机构数与毕业人数

年份 机构	2016 年	2017 年	2018 年
公办职业教育机构(所)	1465	1574	1299
民办职业教育机构(所)	1232	1432	1658
职业教育机构合计(所)	2697	3006	2957
毕业人数合计(人)	1479400	1984000	2100000

第二节 越南的经济形势与产业结构

越南政府统计总局公布的数据显示(具体见表 6-3)，2014 年越南接

① General Statistics Office of Vietnam. Vocational Education[DB/OL]. http://www.gso.gov.vn/default_en.aspx? tabid=782.2020-01-15.

受外商直接投资金额为 125 亿美元[①],之后每年快速增加,同比增长率都在 8%以上,到了 2018 年外商直接投资金额更是高达 191 亿美元,越南接受外商直接投资增速创下历史新高。随着越来越多的产业移入,越来越多的企业都看好越南成为下一个世界工厂,数据也显示,越南是 2018 年亚洲吸引外国直接投资最成功的国家之一。

表 6-3 越南接受外商直接投资金额表

投资年度	资金总额(亿美元)	同比增长率(%)
2014 年	125	8.70
2015 年	145	16.00
2016 年	158	8.97
2017 年	175	10.76
2018 年	191	9.14

瑞士世界经济论坛发布的《全球竞争力报告》,一共评估了全球 140 个经济体,对每一个经济体进行了评分。在 2017 年前,该报告的评估涉及 100 余项统计及调查指标,范围涵盖四个层面,包含环境便利性、人力资本、市场及创新生态体系。2017 年后,统计方式做了一些更新,由 98 个变项组成,这些变项采用国际组织以及世界经济论坛调查的数据。这些变项涵盖十二个层面,包括:国家制度、基础设施、ICT(信息与通信技术)的采用、稳定的宏观经济、健康、科技、产品市场、劳动力市场、金融系统、市场规模、商业活力和创新能力。计算出来的 GCI 值在 1 到 100 之间变化,平均分数越高意味着国家拥有越强的竞争力。越南从 2010 年一直到 2016 年大致都维持着 4.2 分左右的竞争力(如图 6-3),同时期中国的竞争力指数平均是 4.85(如图 6-4)。2017—2019 年越南的竞争力逐步上升,从 57.94 上升至 61.54,同时期中国的竞争力指数从 71.76 上升至 73.9。以排名来说,2019 年中国的竞争力排名为世界第 28 名,越南则为第 67 名。

越南在竞争力上的巨大优势是拥有充足的劳动力,以及年轻化的劳

① General Statistics Office of Vietnam.Foreign Direct Investment Projects Licensed in Period 1988—2018 by Year and Items[DB/OL].http://www.gso.gov.vn/default_en.aspx? tabid=776.2020-01-15.

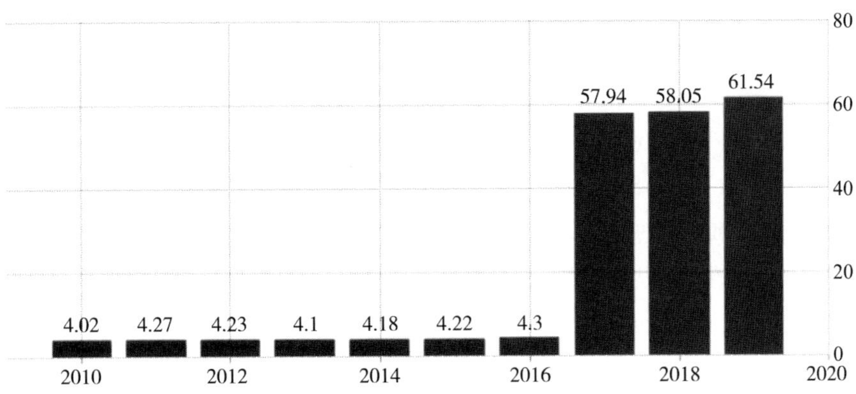

图 6-3 2010—2019 年越南的竞争力指数

资料来源：Competitiveness Index of Vietnam[DB/OL]. https://tradingeconomics.com/vietnam/competitiveness-index.2020-01-12.

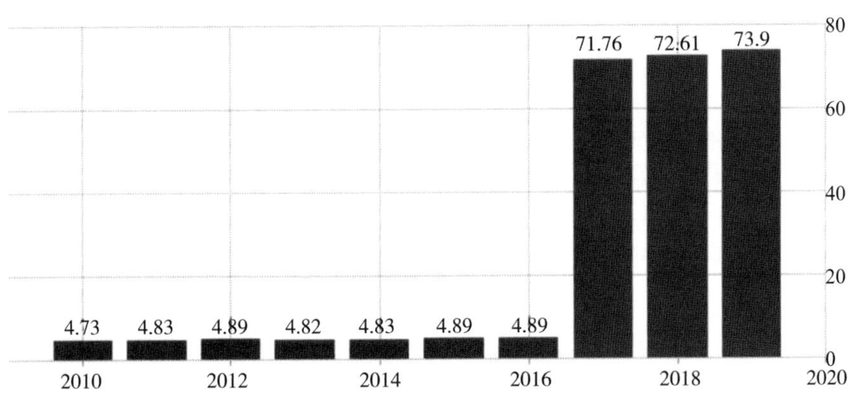

图 6-4 2010—2019 年中国的竞争力指数

资料来源：Competitiveness Index of China[DB/OL]. https://tradingeconomics.com/china/competitiveness-index.2020-01-12.

动力年龄结构。越南统计总局的统计数据显示，2018 年越南总人口数约 9400 万，其中 15 岁以上的适龄劳动力人口就有 5500 万。不过劳动力优势只是成就制造业的基础条件，要成长为制造业大国或世界工厂，还必须具备相应的产业网络及相关配套。例如中国成为世界制造业大国时，建立了制造业全产业链，这是全球罕见的竞争优势，也让中国在经济上彻底地崛起。越南目前整体的产业配套还较为落后，依赖进口的项目太多。唯有建立从上至下的完整产业链，越南才能真正建立起属于自己的全球竞争优势。

一、越南的经济情况

越南从1945年开始一直都是中央集权管理的经济体制,1986年开始实行改革开放,尝试转变为以市场为导向的经济体制。1995年,越南加入东盟,积极提升国际地位,1997年亚洲金融风暴重创了越南经济,越南政府趁此机会积极调整及整顿经济、金融、科技体制,改善投资环境,开放外资投资,一时间国际资助与外资不断涌入越南,协助其发展基础建设,越南的经济有了飞跃式的发展。2005年加入世界贸易组织后,越南与世界100多个国家建立起了贸易关系,其经济每年都以惊人的速度成长,2003—2018年这15年间的年平均经济成长率达7%。越南2007—2018年人均GDP(国内生产总值)如图6-5所示,2007年为919美元,但2007年GDP的增长率达到8.46%,2008年达到6.31%,2009年达到5.32%,2010年达到6.78%。到了2018年人均GDP已达2587美元,使越南从世界上最贫穷的国家之一,一跃发展成为中等收入国家。随着社会经济发展,越来越多的国际化产业转移到越南,不仅越南整体经济体制发生转变,国家政策、人力资源结构、教育体制、职业结构、人均收入也受到巨大影响。

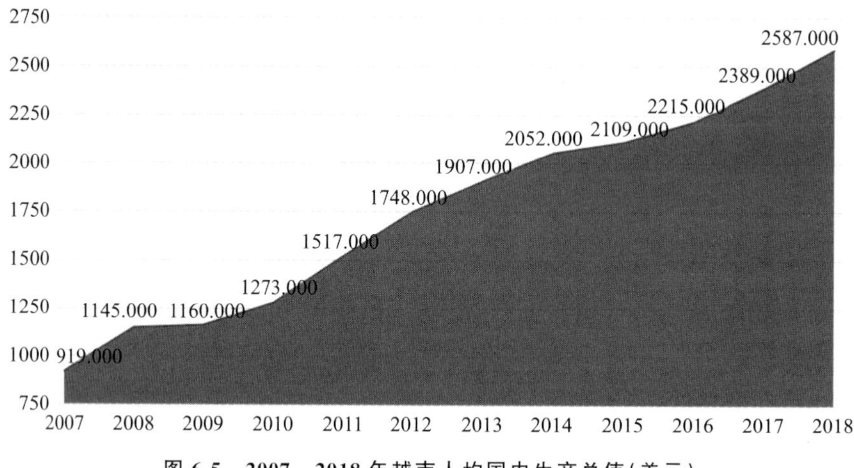

图6-5 2007—2018年越南人均国内生产总值(美元)

资料来源:2007—2018期间的越南人均国内生产总值[DB/OL].https://www.ceicdata.com/zh-hans/indicator/vietnam/gdp-per-capita.2019-08-28.

不过值得一提的是，虽然经济有飞跃式的成长，但也出现贫富差距越来越大的趋势，在城市中，较高收入人群的人每月平均收入可以达到12554万越南盾，约5354美元，而政府公告的最低工资则只有442万越南盾，约188美元，反差巨大。

自20世纪90年代以来，越南亦积极参与区域经济一体化的进程，截至2018年，越南一共签署了16项的多边或双边自由贸易协议(FTA)，是世界上参与FTA最多的国家之一，因此有许多大型的企业，尤其是电子企业，如Samsung、Foxconn、LG、Panasonic、Intel等，纷纷把生产基地迁移至越南，享受其带来的关税优惠。尤其是三星公司，自2008年在越南设下第一家厂开始，截至2018年，已经合计设立了8家大型工厂和1个亚洲研发中心，越南全面承担起三星90%的全球出货量，三星也整体带动了越南的手机、电子设备的出口经济。

从表6-4可以看到越南出口前十大的行业类别，从2014年到2018年，占据第一位的都是手机零配件行业，2014年1—7月出口总值为133亿美元，到了2017年已经增加至452亿美元，2018年达490亿美元，可以发现越南正逐渐成为手机制造大国，这也是越南廉价劳动力给其带来的最大优势。根据美国管理会计师亚洲协会(IMA Asia)估算出来的结果，2010年中国的制造业工资是2美元/每小时，2016年已上涨至3.9美元/每小时，而越南的制造业工资仍维持在1美元/每小时。位居第二的，一样是劳动力密集度高的行业——纺织品行业，2014年出口金额为115亿美元，到2018年已经增长至304亿美元，增长了1.64倍。纺织产业是越南政府极重视、列为优先发展的产业项目之一，近年专注于专业化及现代化的生产，出口产值日益增高。占据第三位的是电脑、电子产品及其零配件行业，2014年出口总额为116亿美元，2017年增长了1.23倍，达到261亿美元，2018年同比增长13%，出口总额为293亿美元。出口总额前三名的行业除了是劳动力密集的行业，也属于高技术密集的行业。

另外从表6-4中也可以发现，鞋类行业与水产品的出口总额，增长幅度不明显，2014年分别占第四、五位，出口总额分别为103.4亿美元、78.4亿美元，2017年分占第四、六名，出口总额分别为146亿美元、83.1亿美元，到了2018年，已经变成第五、七位，出口总额分别为162亿美元、88.9亿美元。而木材及木制品行业近年的表现十分亮眼，几大出口市场包括中国、美国、澳大利亚、日本、欧盟等，让木材及木制品行业从2014年

的第八位,出口总额 65.4 亿美元,升至 2018 年的第六位,出口总额近 90 亿美元。2014 年原油出口总额还能排到第七位,不过由于开采量总体太低,近年已排不进出口前十大产业。

表 6-4　2014、2017、2018 年越南出口前十大行业类别列表

名次	2014 年	2017 年	2018 年
1	手机零配件,248 亿美元	手机及其零配件,452 亿美元	手机及其零配件,490 亿美元
2	纺织品,209.5 亿美元	纺织品服装,261 亿美元	纺织品服装,304 亿美元
3	电脑、电子产品及零配件,116 亿美元	电脑、电子产品及零配件,259 亿美元	电脑、电子产品及零配件,293 亿美元
4	鞋类,103.4 亿美元	鞋类,146 亿美元	机械设备、工具及配件,165 亿美元
5	水产品,78.4 亿美元	机械设备、工具及配件,129 亿美元	鞋类,162 亿美元
6	机械设备、工具及配件,72.6 亿美元	水产品,83.1 亿美元	木材及木制品,89.1 亿美元
7	原油,72.3 亿美元	木材及木制品,77 亿美元	水产品,88.9 亿美元
8	木材及木制品,65.4 亿美元	运输工具及配件,70.2 亿美元	运输工具及配件,79.6 亿美元
9	运输工具及配件,60 亿美元	相机、便携式摄像机及零件,38 亿美元	相机、便携式摄像机及零件,52.4 亿美元
10	咖啡,35.6 亿美元	纤维和纱线,35.9 亿美元	钢铁,45.5 亿美元

资料来源:Vietnam Trade Promotion Agency. Export Import Report 2018[DB/OL].https://moit.gov.vn/documents/40266/0/Bao+cao+Xuat+nhap+khau+Viet+Nam+2018.pdf/7f1254e3-a1e3-4e90-b050-b8fd9c5b30f0.2019-11-12.

二、越南产业结构的改变

2018 年,越南的经济依旧高速增长,GDP 增长了 7.08%,在国际经济形势疲软的这些年中，越南能有 GDP 持续高增长的亮眼表现，有赖于产业结构改变所带来的劳动力结构改变。越南经济部分列的劳动力构成显示近八年其劳动力结构发生重大变化，改变的前三名分别是农、林、渔产业，工业、建筑业与旅游、服务业。越南是传统的农业国，2010 年全国有近七成的人口居住在农村，近五成的劳动力人口，也就是 2360 万人从事农、林、渔业；到了 2018 年，比例已降至 37.7%，约 2040 万人。在工业、建筑业方面，2010 年的劳动力占总劳力人口 31.1%，约有 1487 万人，到了 2018 年上升到 39.3%，约有 2126 万人，已超过从事农、林、渔业的劳动人口数量。从事旅游、服务业的人口，2010 年占总劳力人口 3.5%，约 170 万人，到了 2018 年上升到 5.1%，约 276 万人，整体劳动力结构有很大的改变，如表 6-5 所示。

越南的出口一直是促进经济增长的主要动力，外国投资比例也逐年增加，这种经济增长模式不只改变了产业结构，也连带改变了越南的经济结构。工业、建筑业和服务业、旅游业等第二、三产业占国内生产总值的比重稳步上升，由 2010 年的 69.07%逐渐上升至 2018 年的 75.45%；而第一产业的农、林、渔业占国内生产总值的比重正在逐年下降，由 2010 年的 18.38%下降至 2018 年的 14.57%，如表 6-6 所示。政府有计划地减少农业、林业和渔业的比重，并进一步加强工业和服务业、旅游业的比重。除此之外，以信息技术，高科技为基础的产业占比仍然较小，但在持续加速增长中，未来越南要想真正跨入工业化 4.0 国家，需要重视培养高技能的产业工人，才可以提高企业的生产率、产品质量和服务水平。

三、越南产业劳动力人口状况

2010 年越南的总人口数为 8693 万人，到了 2019 年增加至 9648 万人（如图 6-6），每年稳定成长，这是越南政府大力鼓励生育的结果，根据越南政府人口发展策略，计划到 2030 年将人口数增至 1 亿 400 万人。而就业人口数方面（如图 6-7），2011 年为 4905 万人，到了 2019 年为 5446 万人，就业人口一直都占总人口数的 56%左右。可以发现，越南正处于“人口发展黄金期”，若能充分利用，将是推动国家经济发展的重要潜力和优势。

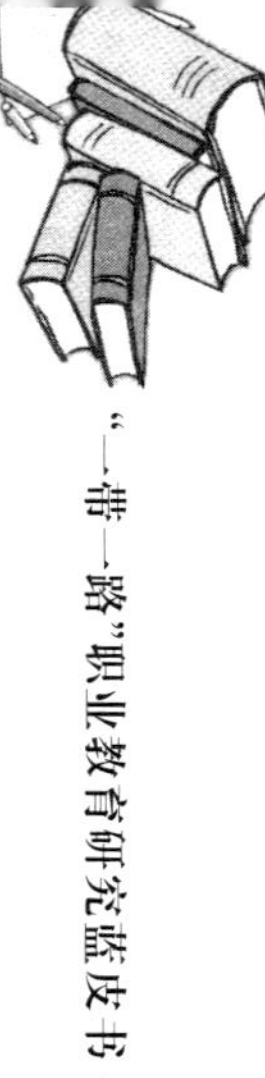

表 6-5　2010—2018 年 15 岁及以上的劳动力人口和劳动力结构

单位：百万

行业 \ 年份	2010 年	2011 年	2012 年	2013 年	2014 年	2015 年	2016 年	2017 年	2018 年
农业、林业和渔业	49.5	48.4	47.4	46.7	46.3	44	41.9	40.2	37.7
加工制造业	13.5	13.8	13.8	13.9	14.1	15.3	16.6	17.3	17.9
批发和零售;修理汽车、马达、摩托车和其他机动车辆	11.3	11.6	12.3	12.6	12.6	12.7	12.6	12.9	13.5
建筑施工	6.3	6.4	6.4	6.3	6.3	6.5	7.1	7.5	7.9
住宿和餐饮服务	3.5	4	4.2	4.2	4.4	4.6	4.7	4.6	5.1
教育培训	3.4	3.4	3.4	3.5	3.5	3.6	3.6	3.8	3.9
运输、仓储	2.9	2.8	2.9	2.9	2.9	3	3	3.3	3.3
党、政、军、公	3.2	3.1	3.1	3.1	3.2	3.2	3.2	3.2	3.1
其他服务活动	1.4	1.5	1.4	1.4	1.4	1.5	1.6	1.6	1.7
卫生和社会援助活动	0.9	1	0.9	0.9	0.9	1	1.1	1	1.1
金融业务、银行和保险	0.5	0.6	0.6	0.6	0.7	0.7	0.7	0.7	0.8

续表

行业＼年份	2010 年	2011 年	2012 年	2013 年	2014 年	2015 年	2016 年	2017 年	2018 年
信息通信	0.5	0.5	0.6	0.6	0.6	0.6	0.6	0.6	0.6
行政活动和支持服务	0.4	0.4	0.4	0.5	0.5	0.5	0.5	0.6	0.6
房地产业	0.2	0.2	0.3	0.3	0.3	0.3	0.3	0.4	0.5
专业活动、科学技术	0.4	0.4	0.5	0.5	0.5	0.5	0.5	0.5	0.5
艺术和娱乐	0.5	0.5	0.5	0.5	0.5	0.6	0.6	0.5	0.5
家庭雇佣	0.4	0.4	0.3	0.3	0.3	0.3	0.4	0.4	0.4
采矿	0.6	0.6	0.6	0.5	0.5	0.5	0.4	0.4	0.3
能源产业	0.3	0.3	0.3	0.3	0.3	0.3	0.3	0.3	0.3
环保产业	0.2	0.2	0.2	0.2	0.2	0.2	0.3	0.2	0.3
劳动力人口总数	47.8	49.1	50.4	51.4	52.2	52.7	53.2	53.4	54.1

资料来源：General Statistics Office of Vietnam.Labor and Labor Structure Aged 15 and Above Are Working Every Year by Economic Activities[DB/OL].http://www.gso.gov.vn/default_en.aspx? tabid=714.2019-11-20.

表 6-6　2010—2018 年越南各类经济活动占 GDP 比例

单位：%

行业	2010 年	2011 年	2012 年	2013 年	2014 年	2015 年	2016 年	2017 年	2018 年
加工制造业	12.95	13.35	13.28	13.34	13.18	13.69	14.27	15.33	16
农业、林业和渔业	18.38	19.57	19.22	17.96	17.7	17	16.32	15.34	14.68
批发和零售；修理汽车、马达、摩托车和其他机动车辆	8	8.45	9.23	9.47	9.85	10.15	10.5	10.71	10.87
产品税减收益	12,55	11.46	9.95	10.11	10.05	10.02	10.04	10	9.97
采矿	9.48	9.87	11.42	11.01	10.82	9.61	8.12	7.47	7.37
建筑施工	6.15	5,61	5.38	5.13	5.11	5.44	5.62	5.74	5.84
金融业务、银行和保险	5.4	5.34	5.27	5.44	5.26	5.49	5.52	5.47	5.33
房地产业	6.1	5,87	5.5	5.29	5.13	5.08	5.08	4.79	4.58
能源产业	3.05	2.92	3	3.22	3.61	3.99	4.19	4.34	4.53
住宿和餐饮服务	3.61	3.67	3.64	3.75	3.75	3.71	3.8	3.83	3.78
教育培训	2.33	2.39	2.59	2.93	3.07	3.26	3.44	3.55	3.67
卫生和社会援助活动	1.08	0.96	1.03	1.64	1.67	1.72	2.15	2.65	2.73
党、政、军、公	2.56	2.52	2.53	2.63	2.7	2.72	2.78	2.75	2.71

续表

行业	2010 年	2011 年	2012 年	2013 年	2014 年	2015 年	2016 年	2017 年	2018 年
运输，仓储	2.88	2.85	2.87	2.86	2.85	2.73	2.68	2.66	2.7
其他服务活动	1.59	1.56	1.55	1.61	1.66	1.72	1.78	1.75	1.7
专业活动、科学技术	1.3	1.27	1.28	1.32	1.3	1.33	1.33	1.28	1.25
信息通信	0.92	0.76	0.7	0.69	0.68	0.7	0.71	0.69	0.68
艺术和娱乐	0.68	0.61	0.58	0.59	0.59	0.6	0.6	0.6	0.58
环保产业	0.51	0.49	0.47	0.5	0.5	0.51	0.52	0.52	0.51
行政活动和支持服务	0.37	0.36	0.36	0.38	0.37	0.38	0.38	0.37	0.37
家庭雇佣劳动活动、原材料产品的生产和家庭的自我消费服务	0.14	0.13	0.14	0.14	0.15	0.15	0.16	0.16	0.16

资料来源:General Statistics Office of Vietnam.Gross Domestic Product at Current Prices by Economic Sector and by Economic Sector [DB/OL].http://www.gso.gov.vn/default_en.aspx? tabid=715.2019-11-22.

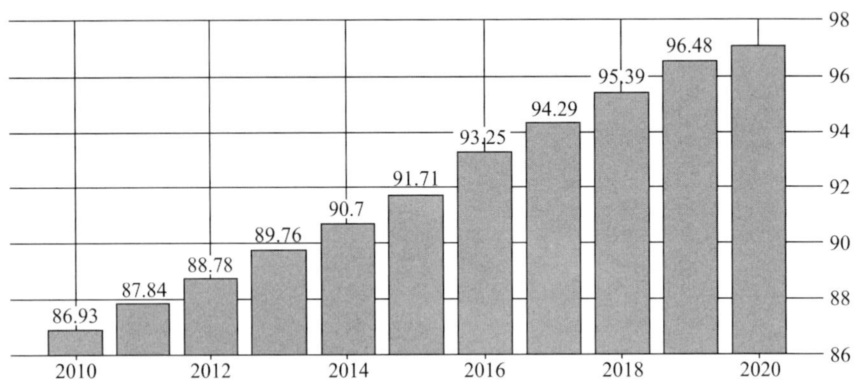

图 6-6　2010—2019 年越南总人口数(万人)

资料来源:Population of Vietnam[DB/OL].https://tradingeconomics.com/vietnam/population.2020-02-12.

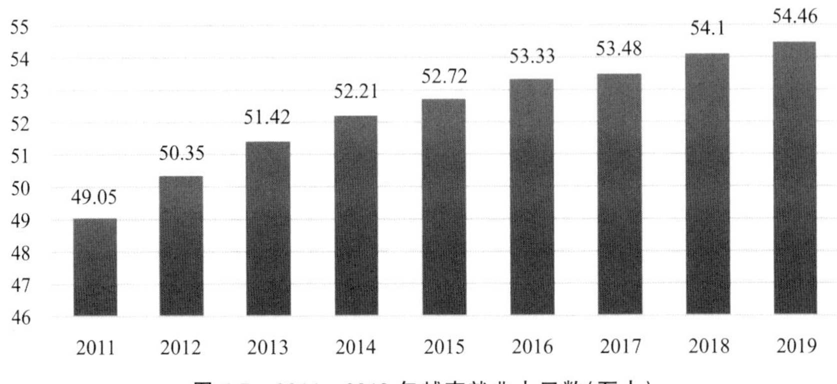

图 6-7　2011—2019 年越南就业人口数(万人)

资料来源:Employed Persons of Vietnam[DB/OL].https://tradingeconomics.com/vietnam/employed-persons.2020-02-12.

在劳动工资方面,目前越南的最低工资是 442 万越南盾(188 美元)/月,技能性较高的高科技行业工作,最高工资可以达到 2500 万越南盾(1066 美元)/月;一般电子厂的车间操作工属技能性较低的工种,工人工资大约是 630 万越南盾(269 美元)/月。就是因为这样的低廉工资,吸引了大量的外资工厂纷纷将生产基地迁移至越南,以增加其产品的竞争优势。不过在廉价工资的背后,还是需要探讨如此的人力资源是否真的能符合企业需求。越南目前正经历着结构性失业的问题,工厂有大量的人力需求,但是刚毕业的年轻人却宁愿在家啃老,对这种低技术性工作不感兴趣而不愿就业，这已经成为迫切需要解决的问题。

四、越南职业教育与产业需求的互动

国家的职业教育发展应力求能服务区域内产业人力资源的需要，积极主动并领先一步，当产业趋势变化时，能迅速应变，培训新的人力资源，及时满足各方需求。越南根据国家人力资源发展规划，通过不断扩增的职业教育培训机构进行培训，确保国内经济产业发展的人力资源供需无虞，达到平衡，尤其针对尖端经济产业、具有竞争优势的产业，都优先给予规划并提供所需要的人力资源。所以越南的职业教育培训系统，应该根据社会和劳务市场的需求，进行根本性的全面同步改革，朝着扎实技术、开放思考、灵活运用及校企融合的方向发展。目前政府鼓励私营单位、外国投资者建设职业教育机构，投入达到国际水准和质量标准的职业教育培训活动。为更好地发展职业教育，应更进一步与企业签订合作协议，为学生谋取更好的职业发展前景与工资。

2011 年越南共产党第 11 次代表大会明确表示，到 2020 年要将越南发展成为一个现代化的工业国家，在经济发展的过程中，企业所需求的人才，需要具备的不仅是区域性的知识，更是全球性多元知识。随着经济、社会的多元化发展，各国也需要更多来自不同国家的人才，劳动人口的流动因此成为常态，当劳动职场范围从原本的家乡扩大为全球时，人才竞争便更激烈。随着科技的发展，新的技术不断出现，区域与国际竞争更加激烈，各个产业对于熟练劳动力的需求绝对是稳步增长甚至是迫切需要的。为配合社会经济发展的需要，越南亦极力推动职业教育发展，期望培养更多具备专业能力的劳动力。要保障劳动力具有相应的技能，国家的职业教育与职业培训势必需要发挥核心作用与功能，但越南的职业教育与培训系统却未能满足经济和社会的需求。自 2007 年以来，越南职业教育在学校数量、学生数量上迅速地发展，教育模式也积极向国外寻求合作突破。例如境外协助办学方面，截至 2019 年 11 月，越南的职业教育体系中，有数十所职业学校的职业培训课程已经可以达到美国、英国和法国的测试标准；澳大利亚转移了 25 所经认证的学校，提供 12 项职业培训课程；共有 45 所经认可学校的学生，将有资格交换到德国的 22 个专业进行培训，这些学生毕业后将可获得两个学位，在参与国内和国际市场竞争时

更具优势。有2所学校学习德国的职业培训经验，采用学徒制培训，学生有70%的时间跟着师傅从事劳动，30%的时间学习知识理论，这些学生利用工作训练培养多项技能，以便毕业后可以立即投入工作。这些境外协助办学对于越南来说都是职业教育上一种极大的转变。

越南政府总理阮春福在2019年于河内召开的国际人力资源开发协会第18次亚洲国际研讨会上就曾明确表示，越南职业教育要有远大抱负，追赶世界和发达地区国家，推动国家经济往价值链更高端处延伸。因此越南政府提出了教育社会化的理念，作为发展教育事业的长远重要战略。教育社会化的概念，是指在国家的规范、要求标准和监督下，将没必要一定要由国家实施的教育项目，委托给民营组织、民间企业实施，政府希望通过这种模式，有效动员全社会各种资源，共同提高教育的质量，保障全民获得教育的权利，达成创建学习型社会的终极目标。越南政府对于教育社会化内容有多点阐述，可以理解为教育社会化是本着民主精神创新教育活动的一种机制；是实现教育发展事业资源多元化的手段，使国家财政、国内外投资者、企业、社会组织都能参与进来；可以实现院校类型和培训形式多样化；可以动员各种社会力量推动、参与各种教育活动；政府管理各种社会力量参与教育事业的权利、义务和责任制度，必要时可转化为强制性规定。这样的做法，可以让政府不会失去在教育发展事业中的主导地位，依然对人民和社会负起教育的政治和法律责任。教育社会化的理念很快在各地方获得推动，人民积极响应并助推了这一人文发展战略目标的实施。越南网络教育迅速发展，打造了多个大众化学习模式，培训质量和效率也有所提升。

然而这样的模式，能有效解决越南所面临的问题吗？显然是不行的。根据越南工信部针对企业所做的调查，有37%的劳动者缺乏实践经验，超过21%的劳动者不符合用人单位的外语要求，20%的劳动者缺乏企业所要求的批判性思维能力。企业认为毕业的学生虽然有课本知识，但没有能力把这些知识转化运用到工作中，没有办法使用批判性思维、创新方式来解决复杂问题和进行团队合作。此外，在越南每年大约100万的高中毕业生中，大约只有3%的人选择进入职业学校，其他人仍想进大学拿学位，因为在学生与家长的观念里，唯有高学历才能找到高工资的工作，不过他们却严重地忽略了两个前提，一是获得高工资也必须拥有相对应的高能力，二是企业中也只有约20%的人能拿高工资，因此造成了越南一边是企业缺工，一边是拿着高学历的人找不到工作的极度矛盾现象。

要解决这样的问题，职业教育必须紧扣市场实际需求，职业培训体系质量要能达到国际标准，以满足国内外企业的高水平要求。要推动企业及社会资源投入职业教育，那么政、校、企的合作机制就必须明确，以便共同讨论如何制订培训内容、培训质量如何与市场和经济需求挂钩。政府方面应听取学校、企业的想法，制定出台具体政策，革新管理方式，以提高管理机构的效率与能力；企业方面则应责无旁贷地协助学校制订培训计划、培训内容，针对培训模式提出专业意见与指导，派遣干部担任培训师资，接受培训学生到企业进行实习，吸纳培训毕业的学生成为正式员工；学校方面则应当集中力量帮助教师提高专业技能素质，制订与企业接轨的教学内容、教学计划、教学模式，结合国内需求与世界发展趋势吸纳国际新技术，为提高教学质量创造条件。

如果全部让企业一手主导，自己的员工自己培训，似乎还简单些，能够更全面地运用起相关资源。但这会出现两个问题：第一个是企业能够存活的第一要务就是生产赚钱，在企业未具备一定规模前，投入培训的作用不大，但具备一定规模的企业在投资培训时，也会计算投入成本与收益比，计算出来的结果往往显示培训偏向半公益性质，这就使得企业投入意愿不高。第二个是技术好的工人不一定能教出技术好的学生，专业的事情还是让专业的人来做，企业不一定能够了解学校的运作模式与教学方法，使用企业的训练方式来培养学生通常是不可行的，最后选择留下来工作的学生仅约剩20%，也许这些能够撑下来的都是精英，但就大多数选择离开的人而言，企业费尽心力培训的人力资源就浪费了。因此政、校、企的合作模式，对于目前越南的职业教育，是能够发挥较大能量的一种模式。

第三节　越南职业教育发展困境与机遇

越南国内目前有大量高等教育机构，家长与学生一味追求大学文凭，职业教育与职业学校受到高等教育机构的挤压，在招生处境上明显艰难，再加上职业教育与培训体系老旧过时，与企业需求严重脱钩，更使职业教

育与培训机构地位不高，遭受歧视，衍生诸多弊病。可越南的高等教育也存在着问题，国内高等教育整体水平不高，资源的缺乏难以应对数量的快速增加，导致质量与数量严重失衡，大量的大学毕业生走出校门，却因为缺乏专业技能而无法满足职场要求，同时，企业难以从高等教育或职业教育系统找到合适的人力资源。

高等教育和职业教育的革新应朝着基础和综合并重的方向推进，向学生传授必要的知识和技能，并培养其劳动纪律和态度，使其了解社会发展趋势与职场知识，为将来的工作打下扎实的基础，再综合学习、掌握世界先进科技成就，尤其是在信息、医疗卫生等先进技术领域的成就，从而满足现今工作环境快速变化、工作岗位激烈竞争形势下的人力资源要求。

一、越南职业教育的发展困境

目前越南的职业教育在专业技能、多元能力、竞争优势方面，都未能符合劳动力市场的需求，距离越南《2011—2020 年经济—社会发展战略》所提出的培养高质量人才的目标，有一段相当大的差距。目前越南职业教育发展遇到的困境，可归纳为下列几点。

（一）主管机关统一后改革工作仍不理想

越南的职业教育自 1990 年开始由两大部门分管，其中职业技术教育归教育培训部主管，教育培训部除了管理职业技术教育外，也负责管理高等教育、普通教育和学前教育。而职业培训部分则是由职业培训总局负责，原本职业培训总局隶属于教育培训部，但出于职业教育改革的需要，1998 年自教育培训部改归劳动、荣军和社会部主管，故改由该部负责职业培训的相关事务。政府原本希望通过这样多元化与多层化的办学模式，为越南职业教育带来更大的发展①，但由于职业教育发展体制与政策未能有效整合，结果出现了更为混乱的状况。

越南政府 2014 年颁布了《职业教育法》、2015 年颁布《政府组织法》，明确了由劳动、荣军和社会部负责管理国家职业教育，教育培训部不再负责职业技术教育事务。权责统一后的单位原本应该大展身手振兴职业教

① 李睿.越南职业技术教育改革探索[J].教育教学论坛，2015(18)：89-91.

育，但是仍不抵高等教育浪潮的冲击，而改革前教育培训部长期管理中等、高等职业学校的工作，虽然现在这些学校已经不归其管理，可两单位的工作交接尚未完结，各类学校、机构在建校前未有统一的规划，管理单位统一后也未能有一致的管理体制，致使各种体制间发生相互排挤招生空间的现象，这一问题几年来仍未能获得有效解决。再加上在教育培训系统中，各培训层次和方式之间仍然缺乏连贯性，教学重理论而轻实践，改革仍无法达到预期的理想目标。

（二）课程体系建设未能符合企业需求与世界潮流

越南职业教育机构与企业间尚未建立紧密的联系。近年来越南职业教育在教育现代化与工业 4.0 战略的引导下，社会功能和经济功能有一定的发展，但是产业、行业及企业与职业教育之间互动、互利共生的运行机制还是比较缺乏的，越南职业教育培养的人力资源与企业的用人要求仍有出入，主要原因还是在于课程体系的建设未能有效符合企业的需求。有些职业教育机构并没有清楚地了解企业用人需求，构建出的课程体系过时老旧，也不关心培育出的学生该往哪里输送，导致培育出的学生不符合市场需求，或是能力未达企业上岗标准，造成社会成本的浪费，也让学生和家长对于职业教育颇感失望。

由于 2014 年前主管机关并不统一，学位衔接的课程建设大受影响，在越南的教育体系中，高职学生可以在补足高中所应学习的文化科目学分后，通过高考取得上大学的资格，但近五年来，主管部门无法针对高职学生设置最低限度的高中知识学习量，严重影响了课程体系的具体建设。同时在职业教育学校与机构中，学生可以根据情况选择 1～4 年不等的培训时间，最后获得的是技师文凭，但对于有意愿到国外攻读学位的学生来说，其学分与文凭都是不被认可的，这严重与世界职技教育认证潮流脱轨。

（三）社会不重视职业教育

《越南教育发展战略 2001—2010》曾经提到，越南的社会观念仍然是重大学，轻职业教育，这尤其体现在毕业生的工作起薪方面，大学生的工资往往优于职教生，导致家长与学生认为职业教育是较低层次的教育，读大学获取更高的文凭是最好的发展。近年越南教育开放力度不断加大，

大量地将学生送往国外留学,一方面政府希望学生学成归国贡献社会,另一方面学生也希望通过国外学历为自己加分,为工作加薪,政府开放如此多元化的高等教育选择,严重挤压了职业教育的招生,使得职业教育的处境更加困难。再加上前述主管机关的改革力度不足等问题,加深了许多人对于职业教育的排斥感,这些都让社会更不重视职业教育,更无视职业教育可能带来的影响力。

(四)职教师资的教学能力与实践能力等综合素质有待提升

从表 6-1 可以发现,近年来由于整体国家教育学历水平有所提升,大量职业教育机构在教师团队建设上,能够招聘来大量的研究生与本科毕业生,但师资团队人数是有限的,大量的高学历教师会直接挤压技术能手、熟练工人等企业师资来源。这样的教师团队,虽然可以提升教师的平均学历层次,并带来专业师资结构的改善,但这些高学历教师大多没有实际生产、工作经验,欠缺实践能力,无法带给学生真实案例上的模拟与体验,课程只能回归到老师熟悉的理论知识为主的模式,大大降低了学生技能上的竞争力。

(五)越南职业教育评价体系仍需完善

检视一所学校职业教育办得好不好,是很简单的事情。职业教育的最终检验依据,是看学生能否达到应聘职业岗位的能力要求,这个依据能直接反映出学校的教育情况、教学目标、教学计划、教学实施与社会接轨的程度,职业培训及教育就是针对具体的企业需求进行专业实用型人才的培养,要求学生能够胜任具体的工作岗位。因此只要看看一所学校培养出的学生抢不抢手,企业爱不爱用,就可以知道学校的职业教育是否成功。

当前在越南职业教育的评价系统中,学校要对教师教育教学工作质量进行评定,常见的评价机制仍是采用常规的教学问卷进行评定,很少有学校根据专业岗位的具体情况细化评价标准。但职业教育的教学应当是培养实用型人才,理应有许多针对具体岗位的课程,不过由于评价体系的偏差,老师为了能够在评价中取得高分,直接进行理论知识的教学,对于要求较高的、评价不重视的实践操作、技能教育反而忽视了,这是本末倒置的。可见现行的职业教育教学质量评价系统还有所欠缺,评价的指标、学生考核标准、职业培训要求、企业岗位要求衔接得不好，不能充分展现越南职业教育发展的需要，发挥不了真正的作用。

二、越南职业教育的发展机遇

越南职业教育面临着高质量学校缺乏、教师质量参差不齐、政府公权力不张与教学质量下滑等问题，为了能够解决这些问题，越南政府积极地寻求国外支持，放松对国外学校至越南办学的限制，出台更多国际化政策吸引海外投资，包括国外教育机构在越南的投资设立、越南与国外机构的合作等，希望能吸收众多先进国家在职业教育深耕过的经验，解决越南职业教育的现状问题，并在未来的职业教育发展上，走出自己的一条路。越南的职业教育应尽力争取标准化、现代化、民主化、社会化和国际一体化等，明确国内职业教育方向，致力于建设一个能与企业共创开放、实学、实业局面，与教师团队共营教好、学好、管理好环境，与国家共推现代化、社会化、终身学习化发展，充满灵活性、多样化、真正可行的职业教育体系。

（一）标准化

目前越南出台的职业教育政策，是将初中和高中的部分学生视其适合哪一种层次，划分至相关的中等或高等职业教育，立意虽好，但缺乏全面性、统一性的课程标准，使得分层的职业教育理念难以全面铺开，辐射至各阶层。再者，整个社会、家长、学生对于高等教育极为推崇，在人人都想上大学的观念驱动下，职业教育的招生空间受到挤压，使得分层职教理念更无法顺利落实。因此对职业教育系统进行全面标准化梳理，将是越南推展职业教育的第一要务。

越南的职业教育目前已由劳动、荣军和社会部统筹管理，政府方面应该正视力推职业教育所可能带来的产业未来的收益与社会稳定性。政府积极重视，民众自然也会加以重视。应全面设立评价体系基准，让众多的职业教育学校、机构，能在统一的基准上，视其单位特色加以深化改进，建设有效的评价机制。

职业教育的标准化，在中国推行的效果相当出色，国家出台纲领性的基准文件，各省各校依据自身特色，形成特色化、标准化、产业化的课程体

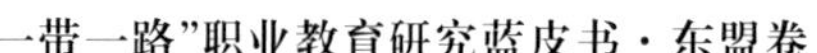

系、课程标准及课程实施和评价系统，培养出的学生好用、企业爱用，学生也能从中获得不亚于接受高等教育的成就感。中国的职业教育经验，十分值得越南借鉴学习。

(二)现代化

要让职业教育真正带动起产业发展，使社会经济发展更上一层楼，必须将职业教育、职业培训视为越南党、国家和全民的共同事业及重点国策，明确投入职业教育就是投入发展，而且在推动社会经济发展的计划和项目中须将职业教育置于优先位置。再根据越南国家的整体需求、企业发展趋势，推展适应现代化、工业 4.0 化的职业教育，并在社会经济发展和人力资源开发计划中，根据公开、透明、及时的原则，优先对职业教育进行投资，逐步提升职业教育及培训的质量，扩大职业培训机构网络，提升青年、学生对职业教育及培训的关注度，重点投资组建一批高质量的职业教育培训机构，逐步普及青年人的职业培训，使其具备应有的职业技能，以满足劳动力市场的需求与求职者的学习需求，并改变社会上认为职业教育无用的陈旧观念。

(三)民主化

目前越南民众普遍认为职业教育是次级教育，或是女生才会去的，这样的错误认知，应尽可能通过对职业教育的改革来纠正，进而对民主化、性别平等化产生实际影响。应对退伍士兵、少数民族、近贫困家庭、贫困家庭、残疾人、无助儿童等对象，提供优惠待遇的职业教育与职业培训，为他们创造平等的学习机会，让他们也有找工作、为社会贡献一份力量的权利。这样的职业教育民主化过程，可以推动民众对于职业教育的高度认可，并且为社会带来更多可用的人力资源。

(四)社会化

越南政府近年来力推教育社会化的教育政策理念，《职业教育法》也鼓励和创造条件让企业、社会非营利组织、社会专业组织、外资企业和组织，成立各种类型的职业培训机构，开展各种形式的培训。政府对于这些为建设职业教育做出贡献和投资的单位，给予相应的奖励，如在土地取得、税收减抵、信贷额度、教师和管理人员的培训等方面，政府为其提供更好的条件，促使企业、组织愿意投入职业教育的发展，更好地推动国家职业教育。

（五）国际一体化

随着国际制造产业的移转，越南成了人们眼中的下一个世界工厂，国际大厂的进驻，需要聘雇大量当地劳动力，如何完善职业教育系统和培训体系，一体化推进越南职业教育的发展，使其在职业标准、专业技能、质量保证等方面，与国际接轨，是越南职业教育未来发展的一大重点。同时，这也是越南职业教育的一大重要机遇。国际大厂的落地，可以让越南的职业教育更方便地学习国外大厂的经验，通过校、企的合作，使职业教育体制与训练更好地获得改善，与国际接轨。

第七章 社会公平视阈下的东盟职业教育发展

东盟是我国推进"一带一路"建设的优先方向和重要伙伴,在"一带一路"由"大写意"转为"工笔画"的高质量发展阶段,东盟成为"一带一路"建设的"深耕区",对其职业教育(Technical and Vocational Education and Training,TVET)发展进行研究,具有重要意义。2015 年,联合国教科文组织(UNESCO)发布了《教育 2030 行动框架》(Education 2030 Framework for Action),将"确保包容和公平的优质教育,让全民终身享有学习机会"纳入联合国可持续发展目标(Sustainable Development Goals,SDGs)。[①] 追求公平和可持续发展是人类社会亘古不变的目标,教育,尤其是职业教育是实现社会公平和可持续发展的重要途径。从社会公平的视角研究职业教育发展,探索实现可持续发展的关键举措,具有重要价值。基于上述两方面原因,本章对社会公平视阈下的东盟职业教育发展进行研究。

第一节 东盟经济的繁荣发展与社会不公平现象

社会公平是一个相对宽泛的概念,它体现了人与人之间一种平等的社会关系。广义的社会公平包括政治、经济、文化等多个领域的生存、产权和发展公平。在研究东盟的社会不公平现象时,若采用广义的社会公平概念,研究将变得过于庞杂而难以操作。基于对研究可行性的考虑,本研究拟采取狭义的社会公平概念,从经济发展的视角把社会公平定义为

① 张振.我国高职教育发展的现状审视与前景展望——基于《教育 2030 行动框架》的分析[J].职教论坛,2016(34):21-25.

收入分配(以及与之密切相关的就业等)的公平。究其原因,所有的社会关系皆与经济利益分配密切相关,而经济利益分配又可从收入分配等相对简化的维度进行衡量。

一、东盟经济的繁荣发展

东盟共计10个国家,经济合作与发展组织(Organization for Economic Cooperation and Development,OECD)按照贫富程度把它们划分为3个组别。其中,相对贫穷的国家(4个)包括越南、缅甸、老挝和柬埔寨,中等程度的国家(3个)包括泰国、印度尼西亚和菲律宾,相对富裕的国家(3个)包括马来西亚、新加坡和文莱。[①] 2013—2017年,东盟各国(文莱除外)的国内生产总值(GDP)年增长率均保持在较高的水平,尤其是相对贫穷的4个国家,GDP年增长率基本保持在6%以上(见图7-1)。东盟的经济形态也由以农业经济为主转变为以出口为主的外向型经济。麦肯锡公司(McKinsey & Company)的一项调查显示,自20世纪90年代以来,东盟60%的经济增长归功于制造业、零售业、电信业和运输业这四个领域的生产力提升。[②] 市场导向的改革以及由之而来的经济高速增长使东盟各国的贫富差距日渐缩小,世界银行(World Bank,WB)的数据显示,东盟相对富裕的3个国家与相对贫穷的4个国家之间的人均GDP比值已由1993年的35降至2016年的10,数以百万计的东盟民众摆脱了贫困的生活状态。[③]

二、东盟的社会不公平现象

尽管东盟各国实现了经济的高速发展,并在降低贫困率方面取得了

---

① OECD.The Role of TVET in Fostering Inclusive Growth at the Local Level in Southeast Asia[EB/OL].http://dx.doi.org/10.1787/5afe6416-en.2018-11-21.

② McKinsey & Company.Understanding ASEAN:Seven Things You Need to Know[EB/OL].http://www.mckinsey.com/industries/public-sector/our-insights/understanding-asean-seven-things-you-need-to-know.2014-05-20.

③ World Bank.World Development Indicators Database[EB/OL].http://data.worldbank.org.cn/indicator.2018-03-26.

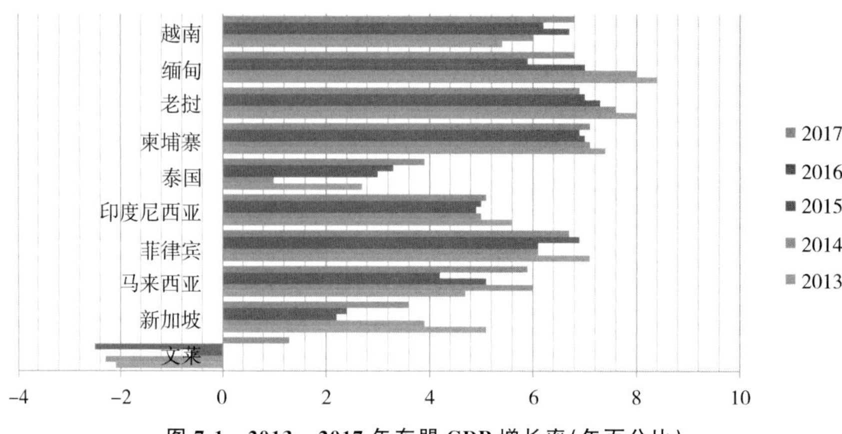

图 7-1　2013—2017 年东盟 GDP 增长率(年百分比)

资料来源:World Bank. World Development Indicators Database[EB/OL]. https://data.worldbank.org.cn/indicator? tab=all.2019-04-24.

一定成效,但是社会不公平现象依然是东盟未来发展中要面临的一个巨大挑战。2016 年,国际货币基金组织(International Monetary Fund, IMF)的一份调研报告显示,东盟 5 国(泰国、印度尼西亚、菲律宾、马来西亚和新加坡)的基尼系数①高于经济合作与发展组织成员国、亚洲低收入国家和工业国家、世界新兴工业经济体、中东和北非等多个国家和地区。② 2014 年,亚洲开发银行(Asian Development Bank, ADB)的一份调研报告显示,东盟 10 国的基尼系数皆处于上升状态,其中相对富裕的 3 个国家基尼系数最高,在 0.46 以上;中等程度的 3 个国家基尼系数次之,在 0.40 左右;相对贫穷的 4 个国家基尼系数最低,在 0.36 左右,但其上升速度却是最快的。③

在分析社会不公平现象时,仅从基尼系数的宏观单一视角出发是不够的。一方面,按照马克思主义的观点,社会发展与人的发展统一于实践

---

① 基尼系数是衡量一国或地区居民收入差距的国际通用指标,其值在 0 到 1 之间,值越大表明收入差距越大。

② IMF.Sharing the Growth Dividend: Analysis of Inequality in Asia[EB/OL]. https://papers.ssrn.com/sol3/papers.cfm? abstract_id=2759757.2016-04-06.

③ ADB.Inequality in Asia and the Pacific: Trends, Drivers and Policy Implications[EB/OL].http://www.adb.org/sites/default/files/publication/41630/inequality-asia-and-pacific.pdf.2019-05-24.

之中，人的发展是社会发展的最高价值取向。① 因此，对东盟社会不公平现象的研究必须落脚在人的发展上。在东盟经济快速发展的背景之下，社会中总有一些群体因分配红利较少而沦为弱势群体，成为亟待关注的对象。另一方面，研究社会公平视阈下的职业教育发展时，必须关注“人”。更确切地说，必须聚焦弱势群体。究其原因，职业教育的社会发展功能（促进社会公平）必须经由个体发展功能（促进弱势者发展）才得以实现。②

东盟的弱势群体主要包括青年和女性两类。一方面，青年群体的就业率和女性群体的劳动参与率较低，并对这两类群体的收入水平造成影响。就青年群体而言，2018 年东盟 10 国的青年（15—24 岁）失业人数占青年劳动力总数的百分比均高于失业总人数占劳动力总数的百分比，其中印度尼西亚、马来西亚和文莱 3 个国家的青年失业情况尤为严重（见图 7-2）。就女性群体而言，2018 年东盟 9 国的女性（15—64 岁）劳动力参与率均低于男性（15—64 岁）劳动力参与率（老挝的二者比例基本相当），其中缅甸、印度尼西亚、菲律宾和马来西亚 4 个国家的女性劳动力参与率尤为低下（见图 7-3）。另一方面，青年群体和女性群体大都处于弱势就业状态（vulnerable employment）③，并进一步对这两类群体的收入水平造成影响。国际劳工组织（International Labor Organization，ILO）的数据表明，2018 年，东盟有 46.5％的劳动力处于弱势就业状态（高于 45.0％的世界平均水平），其中“独户员工”（own-account workers）占比为 33.2％，“家庭员工”（contributing family workers）占比为 13.3％。就国家而言，老挝、缅甸和柬埔寨 3 个国家的情况较为严重，分别有高达 80.0％、

① 何玲玲.马克思人的发展与社会发展关系理论研究[M].北京：人民出版社，2014：168-178.

② 张振.斯里兰卡职业教育扶贫的顶层设计与实施框架[J].比较教育研究，2019(4)：45-51.

③ 国际劳工组织（ILO）将劳动力分为 4 类：第一类是基于明确或隐性契约，获取工资报酬的“雇员”（employees）；第二类是雇佣一个或多个职员，开展个体经营的“雇主”（employers）；第三类是独立或拥有其他合伙人，实行无职员个体经营的“独户员工”（own-account workers）；第四类是受雇于由家庭成员管理的非正规公司，为家庭做贡献的“家庭员工”（contributing family workers）。其中，“独户员工”和“家庭员工”属于弱势就业状态的范畴。

59.5%和50.8%的劳动力处于弱势就业状态。[①] 在处于弱势就业状态的劳动力中,青年群体和女性群体所占比例最大,弱势就业状态与低收入直接相关,并进一步导致这两类群体陷入贫穷的境地。

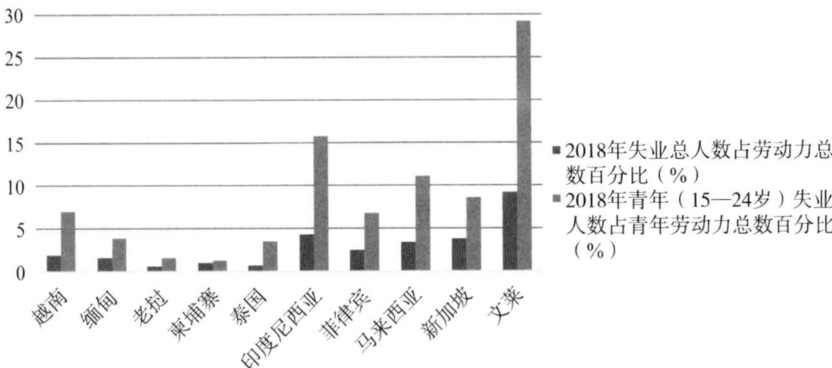

图 7-2 2018 年东盟青年群体(15—24 岁)的失业情况

资料来源:World Bank. World Development Indicators Database[EB/OL]. https://data.worldbank.org.cn/indicator? tab=all.2019-05-28.

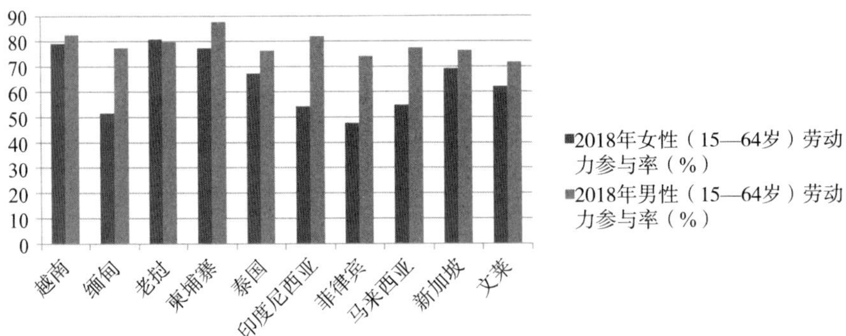

图 7-3 2018 年东盟女性群体(15—64 岁)的劳动力参与率情况

资料来源:World Bank. World Development Indicators Database[EB/OL]. https://data.worldbank.org.cn/indicator? tab=all.2019-05-28.

---

① ILO.Status in Employment[EB/OL].http://www.ilo.org/ilostat/faces/oracle/webcenter/portalapp/pagehierarchy/Page3.jspx? MBI_ID = 32&_afrLoop = 342818321363466&_afrWindowMode=0&_afrWindowId=1p3rxtc02_107#!%40%40%3F_afrWindowId%3D1p3rxtc02_107%26_afrLoop%3D342818321363466%26MBI_ID%3D32%26_afrWindowMode%3D0%26_adf.ctrl-state%3D1p3rxtc02_163. 2018-11-01.

第二节 东盟职业教育在促进社会公平方面存在的问题

职业教育在促进青年群体由"学校人"向"职业人"转换、拓宽女性群体就业渠道、改善女性群体生活状况方面比普通教育更为有效。此外，职业教育有利于促进青年群体和女性群体融入社会发展，增强社会包容性，还有利于改善青年群体和女性群体的就业质量，减少社会贫困。职业教育在促进青年群体和女性群体发展、修复社会不公平"裂痕"方面成效突出，但是东盟职业教育系统存在诸多问题，并导致其在促进社会公平方面所发挥的作用相对有限。这些问题集中体现在职业教育的参与程度、经费投入和管理体制三个方面。

一、职业教育参与程度不高，女性群体接受职业教育机会偏少

联合国教科文组织和世界银行的多项调查表明，较之其他层级的教育，中学阶段教育在促进弱势群体发展和社会公平方面的成效最为显著。这也是联合国可持续发展目标(SDG4，Target1)强调普及中学阶段教育的原因。[①] 因此，在考察东盟职业教育的参与程度高低和女性群体接受职业教育机会多寡时，皆以中等职业教育作为衡量标准。

一方面，就职业教育的参与程度而言，东盟接受中等职业教育的生源比例偏低。在有数据可考的 8 个东盟国家中，除印度尼西亚(19.3%)、马来西亚(13.4%)和新加坡(11.6%)，其余各国接受中等职业教育的生源所占百分比均低于 10.6%的世界平均水平，缅甸(0.2%)、老挝(1.0%)和柬埔寨(2.3%)的情况尤为严重(见图 7-4)。另一方面，就女性群体接受职业教育的机会而言，东盟女性群体接受中等职业教育的机会偏少。在有数据可考的 8 个东盟国家中，除柬埔寨(47.0%)、老挝(45.7%)和文

① UN.Sustainable development Goal 4:Ensure Inclusive and Equitable Quality Education and Promote Lifelong Learning Opportunities for All[EB/OL].https://sustainabledevelopment.un.org/sdg4.2018-06-03.

莱(45.4%),其余各国接受中等职业教育的女性所占百分比均低于43.5%的世界平均水平,缅甸(21.5%)、新加坡(35.1%)和泰国(38.7%)的情况较为严重(见图7-5)。

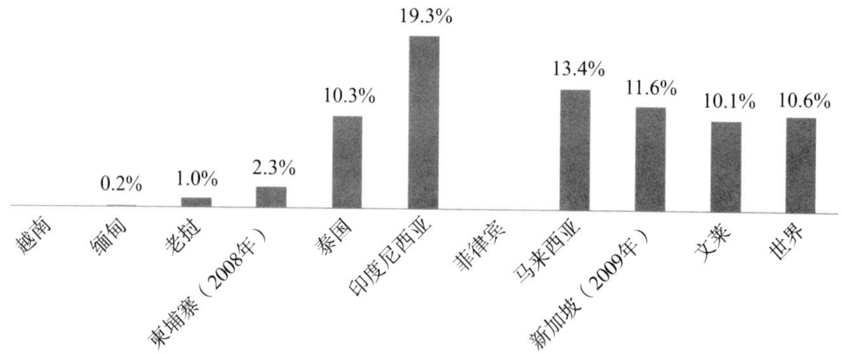

图7-4　2017年东盟接受中等职业教育学生所占百分比

资料来源:World Bank. World Development Indicators Database[EB/OL]. https://data.worldbank.org.cn/indicator? tab=all.2019-04-24.

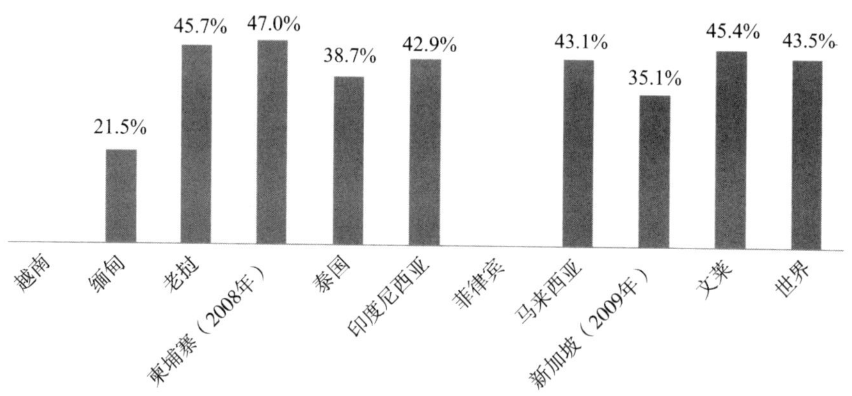

图7-5　2017年东盟接受中等职业教育的女性所占百分比

资料来源:World Bank. World Development Indicators Database[EB/OL]. https://data.worldbank.org.cn/indicator? tab=all.2019-04-24.

二、职业教育经费投入不足,正规职业教育入学率相对较低

职业教育经费投入是衡量一个国家或地区职业教育重要程度和发展水平的基本指标。"职业教育经费投入不仅关系到一个国家职业教育在

教育结构中的地位和发展质量，从长远看，它对一个国家的产业发展以及整个经济社会发展都会产生深远影响。”①较之普通教育，东盟各国对职业教育的经费投入普遍偏低。具体而言，东盟各国用于职业教育师资队伍发展、教学资源完善和设施设备更新的经费十分有限，有些国家甚至处于经费短缺状态。以缅甸和菲律宾为例，这两个国家仅教师薪资与福利一项，就占到了公立职业教育经费投入的71%以上，而用于职业教育事业发展的其他经费则所剩无几。②

东盟职业教育经费投入的不足严重限制了正规职业教育入学率的提升。具体而言，一是东盟相对贫穷的国家在职业教育经费投入方面捉襟见肘，进一步限制了这些国家正规职业教育入学率的提升。以老挝为例，受职业教育经费问题“掣肘”，2017年其初中和高中阶段职业教育入学率仅分别维持在0.2%和2.7%左右，远远低于1.7%和21.9%的世界平均水平。③ 二是一个国家相对贫穷的地区在职业教育经费投入方面入不敷出，并进一步限制了这些地区正规职业教育入学率的提升。以越南为例，2014年亚洲开发银行的一份评估报告显示，越南农村男性和女性接受正规职业教育的比例分别为30.3%和24.5%，而城市男性和女性接受正规职业教育的比例分别为51.4%和37.8%，两者之间差距较大。④

三、职业教育管理体制欠妥，职业教育质量有待进一步提升

职业教育管理体制的优劣直接决定了职业教育质量的高低。目前，东盟职业教育管理体制有待完善，其不足之处对职业教育质量的提升造

① 韩永强.职业教育经费投入及其国际比较[J].职业技术教育，2014(28)：48-54.

② Palmer，R.Financing TVET in the East Asia and Pacific Region：Current Status，Challenges and Opportunities[EB/OL].https：//openknowledge.worldbank.org/bitstream/handle/10986/28597/120597-WP-v2-P150980-PUBLIC-KWPF-Financing-TVET-in-EAP-Full-Final.pdf？sequence＝1&isAllowed＝y.2017-01-01.

③ UNESCO.Institute of Statistics.UIS.Stat database[EB/OL].http：//data.uis.unesco.org/.2019-02-01.

④ ADB.Technical and Vocational Education and Training in the Socialist Republic of Vietnam：An Assessment[EB/OL].http：//www.adb.org/publications/technical-and-vocational-education-and-training-socialist-republic-viet-nam-assessment.2014-09-01.

成了消极影响。具体而言,一方面,东盟职业教育管理机构呈现"碎片化"的状态。以缅甸和马来西亚为例,缅甸的职业教育系统处于13~19个部委的管辖之下,马来西亚的职业教育管理部门也涉及7个部委和2个质量认证机构。[①] 管理机构的"碎片化"导致职业教育政策和规划的合力作用难以发挥,无法形成有效的发展举措,进而限制了职业教育质量的提升。此外,管理机构的"碎片化"还导致正规职业教育、非正规和非正式职业教育之间的互补关系异化为竞争关系,正规职业教育在竞争中处于劣势地位,组织松散且质量较低的非正规和非正式职业教育却广受欢迎。[②]

另一方面,产教融合的管理体制有待改进。职业教育与产业发展关联密切,能否满足产业发展(雇主)需求是衡量职业教育质量高低的一个重要标准。2014年国际劳动组织围绕"职业教育能否满足雇主需求"在东盟展开了调查,其中接近一半(47%)的雇主认为职业教育未能满足他们的需求,东盟职业教育的质量令人堪忧。[③] 究其原因,东盟产教融合的管理体制存在缺陷,职业教育政策制订者、企业雇主、地方政府、青年群体等各类利益相关者之间的长效合作机制缺失,区域及国家层面的产教融合对话平台尚未建成。尤其是数量众多的中小型企业(Small and Medium-sized Enterprises,SMEs),其合作意愿与积极性很低,严重限制了东盟职业教育质量的提升。

第三节 东盟职业教育在促进社会公平方面的可能改进路径

职业教育参与程度不高、经费投入不足和管理体制欠妥等发展中的

① OECD.Building Local Responsiveness in Employment and Skills Systems in Southeast Asia:Lessons from Malaysia,the Philippines,Thailand and Vietnam[EB/OL].https://ideas.repec.org/p/oec/cfeaac/12-en.html.2017-02-02.

② UNESCO.Enhancing Relevance in TVET:Review of Progress in the Asia-Pacific since 2012[EB/OL].https://unesdoc.unesco.org/ark:/48223/pf0000243365.2016-01-01.

③ ILO.Survey of ASEAN Employers on Skills and Competitiveness[EB/OL].http://ilo.ch/wcmsp5/groups/public/---asia/---ro-bangkok/---sro-bangkok/documents/publication/wcms_249982.pdf.2014-05-21.

藩篱与东盟各国的政治、经济和文化系统密切关联，甚至还包括一些长期的历史遗留问题。因此，藩篱的跨越并非朝夕可至，需要长期的整体性、系统性和协同性变革。然而，从东盟区域化发展的宏观视角提出行之有效的变革方案是本研究难以企及的，同时也不是笔者的关注点和着力点。面对职业教育在促进社会公平方面的棘手问题，东盟各国进行了诸多有益探索，并取得了令人瞩目的成效。本研究聚焦于这些微观的典型案例，从其中挖掘切实可行的举措。在案例选取方面，本研究分别选取越南（相对贫穷的国家）、菲律宾（中等程度的国家）和新加坡（相对富裕的国家）这三个国家的典型案例进行分析。

一、越南：开展技术技能培训项目，促进弱势青年群体成长

国际劳工组织有关越南的调查表明，来自贫困家庭、农村地区和少数民族的 15—29 岁的弱势青年群体，由于技术技能的贫乏，失业（unemployment）和不充分就业（underemployment）状况十分严重，难以在竞争日趋激烈的劳动力市场立足。[①] 此外，越南的正规职业教育系统无法应对快速变化的劳动力市场对高质量技术技能人才的大规模需求。越南每年新增约 140 万劳动力，其中仅有 27%接受过正规职业教育的劳动力能够满足工作岗位的要求。[②] 在此背景下，“展望青年未来”项目（REACH）应运而生。

“展望青年未来”项目肇始于 2008 年，其实体组织（非政府组织）包括 5 所位于越南中部和北部的培训中心，项目经费主要来源于捐赠。“展望青年未来”项目特色鲜明且成效显著。首先，在“入口”方面，“展望青年未来”项目致力于寻找亟待帮助的弱势青年群体。培训中心的工作人员与地方社区组织保持密切联系，实地走访弱势青年群体经常聚集的市场、车站，向他们介绍“展望青年未来”项目并鼓励他们接受技术技能培训。收到入学申请后，工作人员会拜访申请者家庭，以确定是否需要提供额外的

① ILO.Labor Market Transitions of Young Women and Men in Vietnam [EB/OL]. http://www.ilo.org/wcmsp5/groups/public/---dgreports/---dcomm/documents/publication/wcms_347256. pdf.2014-02-27.

② ILO Microdata Repository. Vietnam-Labor Force Survey 2012 [EB/OL]. https://www.ilo.org/surveydata/index.php/catalog/65.2017-06-23.

学业咨询和心理疏导服务,借此增强彼此的信任。其次,在人才培养方面,"展望青年未来"项目聚焦弱势青年群体的技术技能需求,在强调实操技能的同时关注"软技能"的养成与习得,并与企业保持密切沟通,根据企业提供的目标岗位与职业能力,不断完善和优化课程内容,以确保课程设计的针对性和有效性,提高技术技能人才供给与劳动力市场需求的匹配度。课程内容主要涉及餐饮旅游、美容美发、市场营销、网页和平面设计、信息通信等贴合越南经济发展状况的相关领域,培训时长为3～5个月。最后,在"出口"方面,"展望青年未来"项目专门安排了对接企业和毕业生的专职协调人员(Business to Youth Coordinator),并充分利用已有毕业生所能提供的就业资源。超过80%的学生在毕业后6个月内找到工作,并大幅改善了自己及家庭的生活质量。①

二、菲律宾:开发创新创业教育项目,实现女性群体的经济赋权

较之印度尼西亚、泰国和缅甸等其他东盟国家,菲律宾就业方面的性别差距相对较小,女性群体的发展环境较好,这离不开政府部门、社会团体等各方为此付出的努力。② 为了进一步提高女性群体的经济地位和政治参与度,菲律宾妇女委员会(Philippine Commission on Women)于2007年实施了"伟大女性项目"(GREAT Women Project),旨在通过开发女性创新创业项目提高女性群体的劳动参与率,进而提高女性群体的经济地位。该项目共涉及19个全国性机构、40个地方政府部门,以及多所大学、职业教育机构和私营部门。③

"伟大女性项目"具有以下三个特点:一是致力于为女性群体创新创业提供有利的制度环境。该项目加强了政府部门对女性群体发展的重视程度和关注程度,为女性群体开办中小型企业提供政策和经费支持,制订

---

① REACH for Your Future. Vocational Training & Employment Placement Model[EB/OL]. https://reach.org.vn/our-model/vocational-training-employment-placement-model-35-78.html? lang=en.2019-08-24.

② 此处参考了世界经济论坛2017年发布的《全球性别差距报告》的排名。

③ Republic of the Philippine, Department of Trade and Industry. GREAT Women Project(GWP)[EB/OL].https://www.dti.gov.ph/53-main-content/region03-article.2019-08-26.

了针对女性群体创新创业的发展规划和拨款预算。二是为女性群体创新创业能力的培养提供技术支持，重点支持中小型企业女性创业者的发展。为了满足女性创业者的多样化需求，该项目为全国不同地区的女性群体提供了“量身定做”的技术技能培训服务，课程内容主要包括产品研发与推广、市场拓展与业务谈判等，并资助她们参加国内外的产品展销会。[①] 三是充分利用多方优质资源，为女性创业者搭建发展平台。该项目与菲律宾大学小规模工业研究所（Institute for small Scale Industries，University of the Philippines）、技术教育和技能发展局妇女中心（Technical Education and Skills Development Agency's Women's Centers）等机构合作，为女性创业者提供创新创业指导，帮助她们解决创业过程中的技术难题。十几年来，“伟大女性项目”发展态势良好，现已推广到东盟其他国家，并有望成为东盟经济共同体（ASEAN Economic Community，AEC）发展路线图中的优先事项。[②]

三、新加坡：拓展继续教育与培训在线项目，提升劳动力的技能水平

新加坡历来重视继续教育与培训系统的构建。2008 年，政府部门发布了“继续教育与培训总体规划”（Continuing Education and Training Master Plan），并辅之以充足的财政经费。2014 年，政府对上述规划做了修订与完善，并发布了“继续教育与培训 2020 总体规划”（CET 2020 Master Plan），旨在通过继续教育与培训、职业指导与规划提高劳动力的就业质量，进而推动整个经济社会系统的发展。[③] 在此背景下，新加坡教育部于 2015 年开通了继续教育与培训在线课程网站（www.getcet.sg），拓展了继续教育与培训在线项目。

继续教育与培训在线课程网站这个项目是新加坡“技能创前程”

① GREAT Women.GREAT Women Brand Platform[EB/OL].https://www.greatwomenglobal.com/great-women-brand.2019-08-26.

② GREAT Women.GREAT Women in ASEAN Initiative[EB/OL].https://www.greatwomenglobal.com/asean-initiative.2019-08-26.

③ 杜若飞.新加坡“技能创前程”计划研究[D].重庆：西南大学硕士学位论文，2017:52.

(Skills Future)[①]计划的重要组成部分,主要面向各个产业领域的在职员工,通过完善和更新劳动力的技能,使之能够从容应对技术革新和升级带来的挑战。继续教育与培训在线课程网站项目具有以下特点:一是整合各类优质资源,确保在线课程的科学性。新加坡教育部与劳动力发展局(Workforce Development Agency,WDA)密切合作,除了遵照继续教育与培训系统的课程设置程序和管理模式,在线课程的开发还集合了新加坡国立大学(National University of Singapore)、南洋理工大学(Nanyang Technological University)、淡马锡理工学院(Temasek Polytechnic)、南洋理工学院(Nanyang Polytechnic)等高等教育和职业教育机构专家学者的参与,使在线课程的开发与设计更加科学合理。二是覆盖各个职业领域,确保在线课程的实用性。在线课程几乎覆盖了新加坡所有产业领域涉及的职业岗位,并重点关注与新加坡劳动力资格体系(Workforce Qualifications System,WQS)、国家技工资格证书(Nitec)和学历证书等的衔接性与适配度,从而增加了在线课程的适用范围。[②] 继续教育与培训在线课程网站项目在提升劳动力技能水平和就业质量方面发挥了重要作用,并为新加坡经济社会系统的良性运转保驾护航。

---

① "技能创前程"是新加坡的一个全国性的计划,它秉持终身教育和学习型社会理念,旨在为各个阶段的劳动力提供适切的技能培训和职业指导,以激发他们的潜力,提高就业率和经济竞争力。

② UNESCO.Enhancing Relevance in TVET:Review of Progress in the Asia-Pacific since 2012[EB/OL].https://unesdoc.unesco.org/ark:/48223/pf0000243365.2016-01-01.

中国-东盟职业教育合作的策略建议

近年来,中国与东盟各国政府之间充分发挥统筹协调作用,院校之间积极探索合作路径,推动了职业教育合作不断深化。由于各国的职业教育体系、发展水平和需求等存在较大差异,影响了合作的进一步深化。分析中国-东盟职业教育合理的现状,梳理面临的问题,探索突破路径,对于提升中国-东盟职业教育合作质量具有重要的现实意义。

一、中国-东盟职业教育合作的价值向度

随着中国-东盟战略伙伴关系的加强,彼此之间的职业教育合作也不断深化,并在推动国家间的人文交流和民心相通等方面发挥着积极作用。

(一)中国-东盟职业教育合作是落实战略伙伴关系的重要内容

自2003年中国和东盟确立战略伙伴关系以来,双方在教育领域的合作不断深化。李克强总理在第21次中国-东盟领导人会议上指出,"推动共建'一带一路'倡议与《东盟愿景2025》深入对接""推动中国-东盟关系进一步提质升级"①。教育交流是中国-东盟合作的重要内容,教育交流周活动被列入《中国-东盟战略伙伴关系2030年愿景》,《澜沧江—湄公河合作五年行动计划(2018—2022)》则明确提出"加强职业教育培训,支持在中国设立澜湄职业教育基地,在湄公河国家设立澜湄职业教育培训中心"②。职业教育已成为深化中国-东盟教育合作、落实中国-东盟战略伙

① 李克强.在第21次中国-东盟领导人会议上的讲话[EB/OL].http://www.gov.cn/premier/2018-11/15/content_5340502.htm.2018-11-14.

② 中华人民共和国中央人民政府.澜沧江-湄公河合作五年行动计划(2018—2022)[EB/OL]. http://www.gov.cn/xinwen/2018-01/11/content_5255599.htm.2018-01-11.

伴关系的重要内容。

(二)中国-东盟职业教育合作是推进区域民心相通的重要桥梁

教育交流“在共建‘一带一路’中具有基础性和先导性作用”,为民心相通“架设桥梁”。[①] 近年来,中国-东盟间通过举办职业教育联展暨论坛等活动,搭建边境职业教育联盟等各种平台,共建鲁班工坊等海外办学机构等,推动了院校间的师生互换、留学生招生和人文交流等活动,职业教育合作的活动规模、项目数量、受惠群体不断扩大,在推动双方职业教育质量提升的同时,也带动了企业间的合作,有力地促进了国家间的文化理解和互信,成为民心相通的重要桥梁。

(三)中国-东盟职业教育合作是区域职教发展共赢的有效策略

东盟是世界第三大劳动力市场,但面临着劳动力受教育水平较低,技术技能人才难以满足产业发展需要的困境。多个东盟国家出台政策,提出要大力发展职业教育、提升劳动者职业素养技能。如柬埔寨政府发布《国家职业技术教育和培训政策 2017—2025》,提出“强化能力和技能、塑造工作态度和职业道德、培养高生产率和终身就业能力来增强柬埔寨的劳动力和人力资源”[②]。我国当前也正处于从“中国制造”向“中国智造”转型的关键期,对技术技能人才的需求也日益紧迫。加强合作,共建区域职业教育共同体,是中国-东盟双方共同提升职业教育质量、满足产业发展对技术技能人才需求的有效策略。

二、中国-东盟职业教育合作的现状和基础

总体而言,中国-东盟职业教育在政府间对话、校企多方合作、院校人才培养与交流等多个方面不断深入交流,政府统筹推进型、企业需求驱动

---

① 中华人民共和国教育部.教育部关于印发《推进共建“一带一路”教育行动》的通知(教外〔2016〕46 号)[EB/OL].http://www.moe.gov.cn/srcsite/A20/s7068/201608/t20160811_274679.html.2016-07-15.

② The Royal Government of Cambodia.National Technical Vocational Education and Training Policy 2017—2025[EB/OL].http://tvetsdp.ntb.gov.kh/wp-content/uploads/2018/02/NTVET-Policy-2017-2025.ENG_.pdf.2017-06-16.

型、院校自主探索型等各种类型的合作模式有序推进①，取得了积极的成效。

（一）政府统筹有力，全方位推进职教合作深入有序开展

中国和东盟各国政府均重视双方的职业教育合作，并将推动职业教育合作作为服务经贸合作的重要推手。各方政府的统筹推进为中国-东盟职业教育合作搭建了良好的平台。首先，政府领导的对话、互访等交流活动为职业教育合作营造了良好的氛围。如李克强总理在中国-东盟领导人会议上指出，要“建设更为紧密的中国-东盟命运共同体”②，并多次强调将人文交流、人才联合培养培训作为合作的重要内容，提出“未来之桥”中国-东盟青年领导人千人研修计划、中国-东盟菁英奖学金、中国-东盟健康丝绸之路人才培养（2020—2022）等多项教育领域合作项目，为推进职业教育合作营造了良好的氛围。其次，多边和双边合作政策为职业教育交流设定了良好的顶层规划。近年来，中国与东盟及其各国积极开展合作，除联合发布《中华人民共和国与东盟国家领导人联合宣言——面向和平与繁荣的战略伙伴关系》《中国-东盟战略伙伴关系 2030 年愿景》等多项重大文件外，中国政府还分别与柬埔寨、马来西亚、印度尼西亚等多个国家政府发表联合声明，推动双方在政治、经济、社会安全、文化教育等领域的合作。再次，常态化交流机制推进了职业教育合作持续深入发展。中国与东盟职业教育合作形成了多个常态化的交流机制，如“中国-东盟教育交流周”永久会址落户贵州，“中国-东盟职业教育联展暨论坛”永久会址落户南宁，为交流合作提供了良好的平台。最后，多方参与的国际项目不断提升了职业教育合作质量。如中国教育国际交流协会设立的“中国-东盟双百职校强强合作旗舰计划”，计划五年时间内分批遴选 100 个“中国-东盟高职院校特色合作项目”。截至 2019 年，已分两批遴选出“中柬澜湄职教培训中心暨鲁班工坊”等 40 个特色合作项目，引导院校不断优化合作机制，创新合作形式，提升了合作质量。

---

① 王琪，刘亚西，张菊霞，祝蕾.高职教育多主体协同“走出去”：实践类型与优化治理[J].教育发展研究，2019(5)：14-19.

② 李克强.在第 21 次中国-东盟领导人会议上的讲话[EB/OL].http://www.gov.cn/premier/2018-11/15/content_5340502.htm.2018-11-14.

(二)校企深度合作,"走出去"企业人才需求为职业教育合作提供不竭动力

产教协同、校企合作是职业教育发展的生命线。企业的技术、人才、管理等多方面的需求,为中国-东盟职业教育合作提供了源源动力。如中国教育国际交流协会"中国-东盟双百职校强强合作旗舰计划"选出的40项特色合作项目全部有企业参与。一是"走出去"企业对能够胜任国际化工作的技术技能人才的旺盛需求推动了职业教育合作。我国高职院校对接企业的用人需求,通过与东盟国家职业院校合作培养留学生、交换生等方式,为"走出去"企业输送技术技能人才。如柳州城市职业学院与上汽通用五菱汽车股份有限公司合作成立"中印(SGMW)汽车学院",招收印尼学生到柳州学习,为"走出去"企业在印尼的生产基地及相关产业园区培养和输送高素质应用型人才。二是"走出去"企业当地员工的技术技能提升需求推动了职业教育合作。高职院校通过境外办学、选派教师赴东盟国家开展短期培训和技术指导等途径,帮助"走出去"企业提升当地员工的技术技能水平。如无锡商业职业技术学院自2012年起便对接柬埔寨西哈努克港经济特区有限公司需求,成立职业培训中心,面向特区中资企业的技术工人开展职业培训和汉语培训;2018年,西哈努克港工商学院正式成立,开展高等学历教育和职业培训,有力地服务了当地中资企业的发展。

(三)院校积极互动,推动职业教育合作向深入发展

院校是职业教育国际合作的实施主体。近年来,中国和东盟国家的职业院校积极互动,创设合作项目,创新合作形式,推动职业教育合作不断深入发展。首先,师生短期交流项目的内容和形式不断创新,交流人数不断增加。各院校通过师生短期交流、交换项目,持续推进职业教育合作。如在第一批"中国-东盟高职院校特色合作项目"中,江苏农牧科职技业学院与印度尼西亚任抹州立理工学院的"农牧类专业群学生交换项目"、陕西工业职业技术学院与印度尼西亚高等教育联盟及所属职业院校的"中国—印尼职教学生交流项目"、宁波职业技术学院与马来西亚敦胡先翁大学的"中国—马来西亚职业技能与文化中心项目"、日照职业技术学院与马来西亚吉隆坡建设大学合作交流的项目等,均以师生短期交流、

交换的形式，从教育教学、实习实践、文化体验等多个维度推进双方合作交流。其次，留学生教育规模不断扩大。近年来，我国赴东盟国家留学和东盟国家来华留学的人员规模均不断扩大，2018 年东盟国家来华的专科留学生有 6584 人，占东盟国家来华留学生人数的 13.4%。[①] 由于地缘优势，广西、云南、贵州等地面向东盟国家开展留学生教育的成效尤为突出，如来自东盟的留学生占来黔留学生的 71%。[②] 再次，院校通过创建合作联盟，将职业教育合作形式从“一对一”推广到“一对多”“多对多”。如广西职业技术学院联合了广西、云南等边境地区的 11 所高职、12 所中职、38 个区域内外行业企业及科研院所，于 2016 年组建了中国-东盟边境职业教育联盟，吸纳了老挝、越南等国 10 多所院校参加，提高了合作效率。[③] 最后，共同设置合作办学机构，联合培养技术技能人才。当前我国的高职院校与东盟国家的院校合作成立了多个办学机构，如天津市多所高校与泰国、印尼等国院校合作成立鲁班工坊，温州职业技术学院在柬埔寨成立“亚龙丝路学院”等。这些办学机构在为当地培养人才的同时，也有效推动了中国-东盟职业教育的交流合作。

三、中国-东盟职业教育合作面临的问题及分析

当前中国-东盟职业教育合作已取得了较为突出的成就，但依然面临着缺少区域性资格参考框架、合作区域主要集中于边境区域、校企协同机制有待进一步完善等问题。

（一）缺少职业教育区域性资格参考框架，影响了合作的深入发展

当前，我国在职业教育发展方面成就突出，优势明显。东盟国家与我国开展职业教育合作的意愿强烈。但不论是东盟内部各国之间比较，还

① 根据教育部国际合作与交流司编印的《2018 年来华留学生简明统计》数据整理得出。

② 新华网.中国-东盟教育交流合作展现光明前景[EB/OL].http://www.xinhuanet.com/2019-07/22/c_1124784743.htm.2019-07-22.

③ 余闯，黄金鲁克.中国职业教育缘何“走俏”东盟——来自第十届中国-东盟教育交流周的观察之二[N].中国教育报，2017-07-30(1).

是我国与东盟各国相比，职业教育的发展水平、管理体制、培养模式等均存在较大差异。为推进区域职业教育一体化发展，东盟于2014年制定了东盟资格参考框架（ASEAN Qualifications Reference Framework，AQRF)，在一定程度上推动了东盟内部各国间职业资格的互认互通。当前我国"尚未建立国家资格框架，职业资格的可比性、可转换性不够，我国职业资格与东盟职业资格的互认目前还无法顺利实现"①。笔者于2019年11月赴印度尼西亚职业院校调研，印尼华文统筹教育机构主席表示，中国的资格制度值得印尼学习借鉴，也想引进一些中国的职业资格认定标准，但由于缺少互认的制度和机制，引进工作很难推进。如当地企业发展需要锅炉工，但印尼没有这一特殊工种，想选派人员到中国接受锅炉工的培训和学习，取得资格后回国上岗。但受训人员取得资格回国后在认定资格等级和薪酬待遇上却缺少相应的制度参考，两国间亟待建立起资格互认的框架和机制。

（二）合作区域主要集中于边境或邻近边境的省、自治区，还需要进一步向其他地区辐射

当前中国-东盟职业教育合作有明显的地缘特征，中国的合作院校以及相关活动主要集中于广西、云南、贵州等边境或邻近边境的省、自治区。② 而随着我国与东盟国家合作的进一步深入，其他省份与东盟国家的经贸往来也日益频繁。如据海关总署数据统计，2019年浙江与东盟国家的进出口贸易总额达3798.13亿元，占全国与东盟国家贸易总额的8.58%，占浙江省对外贸易总额的12.31%。③ 柬埔寨西哈努克港经济特区的企业约三成来自浙江，柬埔寨浙江国际经济特区已开始招商。类似的与东盟国家的经贸合作、企业"走出去"活动在其他省份也在持续推进，迫切需要职业教育提供相应的人才、管理和服务支撑。因此，我国与东盟各国的职业教育合作的区域还需要进一步拓展。

---

① 吴雪萍，王文雯.东盟职业技术教育区域化发展：基于FOPA模型的分析[J].中国高教研究，2018(6)：103-108.

② 张义民.中国-东盟职业教育合作存在的问题及优化路径[J].职业技术教育，2017(12)：38-41.

③ 根据中华人民共和国海关总署"海关统计数据在线查询平台"数据整理得出。

(三)合作信息沟通不畅,校企协同“走出去”的机制还需优化

目前,尽管校企协同面向东盟国家开展职业教育合作已取得了一定成效,但合作信息沟通不畅、协同机制不健全的问题依然存在。比如,经实地调研发现,大量东盟的中资企业在生产中遇到技术技能人才短缺、当地职业教育人才的培养无法满足需求的瓶颈。如申洲集团在柬埔寨首都金边设立的制衣工厂,急需电子、机电类技术人才,但当地职业院校无法供给相应人才,希望国内院校能够与当地院校合作为其培养人才。同时,也有企业反映高职院校的人才培养与企业境外生产经营的发展诉求不对接。“走出去”企业需要对当地语言、习俗、环境等有一定了解,且能为企业境外发展提供相关技术支持的国际化人才,但由于协同机制不健全,企业难以与高职院校在国际化人才培养方面形成良性互动。

四、中国-东盟职业教育合作的优化策略思考

当前,我国与东盟国家的经贸往来不断深入,海关总署发布的数据显示,2020 年上半年,我国货物贸易进出口总值 14.24 万亿元人民币,同比下降 3.2%;对东盟进出口 2.09 万亿元,增长 5.6%,占我国外贸总值的 14.7%。① 中国已连续 11 年保持东盟第一大贸易伙伴地位,在疫情全球扩散的情况下,中国与东盟进出口总值“逆势增长”“难能可贵”。② 可以预料,随着中国与东盟国家经贸往来的日益频繁,职业教育合作也将不断深入。当前还可以从强化标准、加强协调、产教协同等方面加大合作力度,推进我国与东盟国家的双边和多边职业教育合作。

(一)强化标准:推进中国-东盟职业教育资格互认

近年来,我国职业教育快速发展并取得了突出成就,职业教育人才培养的质量也得到东盟国家的认可,东盟各国与我国职业教育合作的愿望强烈。但东盟各国职业教育发展水平不平衡问题严重,建立双边互认与

---

① 中华人民共和国海关总署.海关总署 2020 年上半年进出口贸易情况新闻发布会[EB/OL].http://fangtan.customs.gov.cn/tabid/1073/Default.aspx.2020-07-14.

② 外交部.外交部就东盟成为中国第一大贸易伙伴等答问[EB/OL].http://www.gov.cn/xinwen/2020-07/15/content_5527163.htm.2020-07-15.

多边互认相结合的职业教育资格互认体系，将有助于深化中国-东盟的职业教育合作。早在2015年中国-东盟职业教育联展暨论坛开幕式上，时任教育部副部长的鲁昕同志便提出，要“探索课程互认、学分互认、学历互认、资格互认，建立开放互通的职业教育合作框架”①。就宏观层面而言，可以以东盟资格参考框架（AQRF）和我国各层次职业教育人才培养标准为基础，推动建立中国-东盟职业教育合作框架，为资格互认和职业院校合作提供基本参照。一些职业院校已与东盟国家开展深入合作，如无锡商业职业技术学院举办的西哈努克港工商学院已开设工商管理、物流管理、信息技术等专业并招生；广西工业职业技术学院开发的制糖生产技术、电气自动化技术和机械制造技术等3个专业标准和甘蔗制糖生产过程等30余门课程，被泰国等国家的学校采用。② 因此，就微观层面而言，可以以院校间的合作为基础，以行业或专业领域为基本单位，开发中国与东盟国家在职业教育专业、课程和教学标准方面互认的框架，为双边和多边合作提供基本参照。

（二）加强协调：创新中国-东盟职业教育合作机制

中国-东盟职业教育合作有着较好的历史基础，当前应进一步优化合作机制，推进合作深度，拓展合作广度。首先，应探索职业教育的次区域合作新机制。东盟内部结构具有松散性的特征，使得中国在与之合作时较难达成一致意见，加强次区域合作就显得尤为重要。③ 如云南民族大学对接“澜湄合作”需求，不断探索职业教育次区域合作新路径，形成了包括中国-东盟教育培训中心、澜湄国际职业学院、澜湄职业教育联盟、澜湄职业教育与产业发展研究院、澜湄产教融合园和澜湄国际干部学院“六位一体”的澜湄职业教育基地。④ 其次，应以广西、云南、贵州等边境或邻近边境的省、自治区开展的职业教育合作为窗口，探索内地职业院校面向东

---

① 黄方慧.中国-东盟职业教育合作及其相关研究：历程、现状与展望[J].中国职业技术教育，2016(30)：20-23.

② 上海市教育科学研究院，麦克思研究院.2019中国高等职业教育质量年度报告[M].北京：高等教育出版社，2019：49.

③ 邓启明，刘亚楠，伍湘陵.“一带一路”背景下深化中国-东盟合作研究：面临问题与实现路径[J].福建论坛（人文社会科学版），2018(12)：195-200.

④ 人民网-云南频道.云南民族大学：倾力打造澜湄职业教育共同体[EB/OL].http://yn.people.com.cn/n2/2019/0507/c372459-32912657-3.html.2019-05-07.

盟国家开展合作的新机制。上述地区的职业院校面向东盟国家开展了较广泛的合作,并取得了较好的成效,当前应进一步发挥这些地方职业院校的先发优势,带动内地院校面向东盟国家开展合作,扩大合作的院校范围,拓展合作的专业领域。最后,应探索完善职业院校间合作的信息共享与沟通机制。当前,中国-东盟职业教育联展暨论坛等活动在推动政府间对话、职业教育政策交流等宏观层面的信息沟通上已发挥了较好的作用,但职业教育的国际合作还需要进一步落实到各个院校、专业层面。实地调研发现,尚有一大批东盟国家的职业院校因不了解中国的职业教育而不知道该和哪些中国院校合作;中国的职业院校也面临着同样的问题。因此,应加强面向院校合作需求的中国-东盟职业教育合作信息平台建设,把内容细化到院校乃至专业的发展状态和合作需求,打通院校间合作的信息沟通路径。

(三)产教协同:完善校企联合"走出去"机制

首先,从政府层面看,可以建立校企信息共享机制,搭建校企双方协同"走出去"的信息共享平台,通过发布东盟国家的相关政策法规、行业动态、企业人才需求、教育现状等相关内容,消除境内外校企信息不对称的屏障。其次,协助"走出去"的职业院校和企业在东盟与较为成熟的商会、产业园等平台建立密切联系,为企业与职业院校合作牵线搭桥。如东盟国家中的新加坡、印尼、马来西亚等国家华人较多,可选择与相关华人联盟或组织建立联系,为企业和职业院校"走出去"搭建平台。最后,在校企联结较为紧密、条件较为成熟的东盟国家,尝试共建境外职教集团。如借鉴云南民族大学服务"澜湄合作"的模式,探索建立多国、多企业、多院校参与的跨国性职业教育合作组织,产教协同开展职业教育国际合作,提升合作效能。

后记

职业教育合作是我国与东盟国家战略伙伴合作的重要组成部分。中国和东盟各国政府均重视双方的职业教育合作,并将推动职业教育合作作为服务经贸合作的重要内容。为更好地了解东盟国家职业教育发展的现状和需求,服务职业教育合作更深入发展,宁波职业技术学院发展中国家职业教育研究院于2019年开始集中力量开展东盟国家职业教育研究,全面分析东盟国家职业教育发展的一般特征,重点梳理新加坡、菲律宾、印度尼西亚、柬埔寨和越南五个国家职业教育发展的现状和需求,并在对印度尼西亚、柬埔寨两国进行实地调研的基础上,分析中国和东盟职业教育合作的现状和问题,提出合作发展策略。经过近两年的努力,本书终于得以正式出版。

本书的完成是团队合作的结果。第一章"东盟职业教育发展概况"由宁波职业技术学院张菊霞撰写;第二章"新加坡职业教育"由顺德职业技术学院罗丹撰写;第三章"菲律宾职业教育"由浙江纺织服装职业技术学院张劲英撰写;第四章"印度尼西亚职业教育"由宁波职业技术学院刘亚西撰写;第五章"柬埔寨职业教育"第一节、第三节由宁波职业技术学院王琪撰写,第二节由宁波职业技术学院陈凯华撰写;第六章"越南职业教育"由宁波职业技术学院丁钜河撰写;第七章"社会公平视阈下的东盟职业教育发展"由宁波职业技术学院张振撰写;结语"中国-东盟职业教育合作的策略建议"由宁波职业技术学院王琪、张菊霞、任君庆撰写。全书由任君庆、王琪负责框架设计并完成统稿工作。

本书出版得到多方的支持。感谢宁波职业技术学院领导为我们的研究提供良好的科研平台和条件保障,感谢外事、科研等部门为我们实地调研、课题研究推进提供的支持和帮助;感谢厦门大学出版社牛跃天编辑为本书出版付出的辛勤努力。

由于资料搜集难以全面、研究能力有待提升等各种因素,我们的研究还存在着诸多问题,不足之处还请相关领域的专家学者批评指正。

作者

2020年11月